跟自己作伴

社會工作師／諮商心理師
蔡惠芳 ——— 著

獨處很可以，
脆弱沒關係。

找回獨處不心慌的安定力量

目錄

不用怕，看見自己不為人知的那一面

變動時刻的內在追尋，聽見自己的心

目錄

暖心經驗，影響生命至深

讀懂情緒，找回獨處安定力

修補斷裂，跟自己重新接軌

推薦序

打開自我結節的心靈鑰匙

壺雕藝術家 丁仲星

本書主題很貼近藝術家的心境，有幸受邀擔任推薦人，也讓我一覽本書內容，拜讀餘韻，許許多多書裡的字字句句，竟然不自覺地跳躍在我的作品裡，陪伴我，鼓勵我，啟發我每一刀一琢的靈感與動力。

感謝此書，讓我的創作路上，更加自在快樂，也增添了許多的對話融入作品之中。

停下來，好讓靈魂跟上來

壺雕藝術本就是一門冷門的創作，半路出家的我，雖有上課學習基礎工法，但實際上大多還是要靠自己不斷地練習、練習、再練習。

一刀一琢，深淺層次；一筆一畫，勾勒神韻，無一不是在不斷地自我思考、自我磨練、自我堅持之下，完成一個又一個的作品。

常常好不容易完成一個作品，接著要將成品送入不可預測的燒窯，運氣好時，完美呈現。然而大多時候，辛苦雕琢的作品，出爐時卻已不成原形，只能報廢重新來過。

以往，自己常會陷入自責不已的鬱悶情緒之中，那時整個人幾乎無法再捉刀下筆，總要花上幾天的時間去盤整思緒，沉澱心情後，才能再次上工！

有幸拜讀蔡惠芳小姐的大作《跟自己作伴：找回獨處不心慌的安定力量》，頓時好像給了我一把打開自我結節的心靈鑰匙。

「停下來，好讓你的靈魂跟上！」我試著用這樣的方式告訴自己，假使一直向前邁進，衝過頭了，連一個可以稍微倚靠一下的肩膀都沒有，何不等等自己的靈魂，和他聊聊，找出真正的自我欲望和需求，凝集自己和靈魂的共識，一起手牽手向前大步邁進。突然發現，腳步輕鬆多了，速度也快了起來，更重要的是，整個心情輕鬆而愉悅。

解憂角落，啟動心靈連線

逢此疫情時代，更多人透過電子產品溝通交流，而人與人之間的實際互動也變得越來越少，彼此透過貼圖或罐頭文字互相鼓勵取暖，卻無法真正啟動心靈上的連線。

如果你是過慣團體生活方式的工作環境，此時的改變，想必會給你帶來些許的不適應，那麼建議你參讀此書，學習如何——從生活裡尋找自己、從人際中發現自己、從經驗塑造自己、從想像中相信自己、從調整轉換中尋找自己、在際遇中安放自己……。

透過一層層地解析，能讓你遇到無所適從的節點時，迅速找到掙脫束縛的最佳方法，也可以重新審視如何真正善待自己！

如果你和我一樣，是個常常必須和自己作伴的孤獨工作者，那麼更應該拜讀此書。除了可以為你找到自己的「解憂角落」，妥善安頓自己的空間之外，還可以讓你學習接納自己，讓自己不再覺得孤單，進而重新和自己接軌，勇敢面對現實的未來而不懼怕，堅定迎接全新的考驗而不退縮！

值得推薦的一本好書，《跟自己作伴》希望與你一起稀釋孤單。

自序

在不勇敢的時候，找自己

迷茫世代，我們需要找到定位。當我們遇到自己，然後把好久不見的自己接住了，甚至是抱抱那個曾經受傷的自己，就能帶來一股支持、療癒的力量。

我們都希望活得精彩，於是在每天的日子裡一步步開拓、創造人生。

有些人忙得不亦樂乎，有些人玩到樂不思蜀，還有些人選擇淡泊恬靜，只是不管哪一種生活，都經常會被問到：「這是你想要的嗎？」此時，你的回答是什麼？

迷茫時刻，開啟心中對話

迷茫世代，我們需要為自己找到定位，難免會在某個「困住」的時刻，渴望找到一個出口，此時就有機會展開自我對話。

多數人可能會問自己：「接下來該怎麼辦？」、「這件事情做了會怎麼樣？」、「我應該做哪個決定？」發問當下，就是在和自己對話。

也許答案不見得很快出現，或許沒有答案，但是這個歷程讓我們看見心中的情緒、瞭解自己更多的想法。

在混雜的思緒裡面可能有緊張、擔心和期待，這麼多東西攪在一塊的時候，會讓我們更加混亂，找不到方向。

透過自我對話的整理，我們得以慢慢去蕪存菁，明白整個事件裡，自己的想法、期待和感受，於是原本的擔心、丟臉、害怕的事情，就逐漸清楚了。

此時，內心會重新演繹出一個對自己更清晰的期待、想法及渴望，那個「覺醒的過程」可能一閃而逝，因此，容易讓我們忽略了自己給出的訊息。

不再逃開，重新遇見自己

為什麼需要「跟自己作伴」？

當我們感到混亂的時候，為什麼不去諮詢前輩、專家的意見？透過別人來跟自己作伴，不是一件簡單又省心的方式嗎？

我們仔細思考這件事，「別人」可以提供一種陪伴，但是他們終究會離開，最後真正能夠陪伴我們的，其實就是自己。

有些人透過心理諮商想為自己的困頓找到解答，這是很好的方法，但如果只是希望能很快得到問題的答案，結果可能會讓你失望。曾經聽到一個抱怨：「我花了那麼多時間跟你聊，都沒有作用，因為你從不給我答案！」心理師是用陪伴及引導幫我們找到自己的方向，陪我們看見情緒在哪裡、情緒怎麼來的，這些情緒又在傳達什麼訊息？即便你急著說：「我就是想要聽聽看你的說法啊！」急著求解的背後，可能只是想藉此逃開焦慮的表現。

生命中有太多的匆忙與混亂；在這個資訊爆炸的時代裡，我們囫圇吞食著各種生活體驗，又用逃避來消化它能夠帶來的滋養，孤獨也好，喧鬧也罷，總之，當外界有更多想要追求的事物時，心中渴望的那份踏實也將變得渺茫，而我們卻不見得會把「找回自己」當作優先次序，試問有沒有一種可能是還沒有足夠的勇氣去認識自己？

認識自己，跟自己作伴

我們常在情緒中糾結的同時，也看到自己的堅持，在事件中、在關係裡，伴隨著面對與放下、或輕或重的抉擇，當時的起手無回，如今的不勝唏噓。生命裡有很多精彩光榮的時刻，也會有惆悵落寞的孤寂，而我們敲打著生活的日常前進，把「過去的我」及「現在的我」都拿來作為點綴，再把「遺憾」撿起來縫補，能讀懂當中的故事，不是別人，正是自己。

如人飲水，冷暖自知，假使有一個機會，在事情發生當下，學會看見自己的「珍惜」、「脆弱」與「遺憾」，是不是可以更好地照顧自己？

獨處很可以，脆弱沒關係

因此，當我們感到混亂迷茫的時候，不知道如何尋求解答，做出更好的因應與行動時，若是能夠有一個溫暖的照引，在我們不勇敢的時刻，提供一個心理支援，體會

跟自己作伴

到——原來我們也可以陪伴自己，就是本書《跟自己作伴：找回獨處不心慌的安定力量》的最大立意。

或許在某些情況和考量之下，我們不一定能及時找到專業心理師的諮商和引導，但是如果可以藉由本書分享的概念，試著和自己對話，在心裡慢慢演繹出一個對自己更清晰的期待、想法和渴望，從中找回邁步向前的力量，便是我寫本書的最大期盼。

當我們遇到自己，然後把好久不見的自己接住了，甚至是抱抱那個曾經受傷的自己，就能帶來一股支持、療癒的力量。

希望你打開這本書，就像是打開了自己，讓我們一起重新和自己相遇吧！

蘇予昕

前言

獨處時刻，擁抱缺了一角的自己

學習「擁抱」失落，品嘗人生的各種際遇，這個獨處角落於是成為安頓身心的地方，也帶動轉變的契機。這股安穩力量，能在波瀾之後，讓我們更堅定前行。

獨處時的孤寂感，經常被誤解成一種被世界遺棄的狀態。

然而，我們看到好多藝術家，孤獨激發了他們源源不絕的創造力，他們跟自己在一起時，更能夠專注地表達自己的靈思妙想。

跟自己作伴，享受孤獨而不寂寞

心理學有個名詞叫「從眾行為」，就像這波新冠疫情剛開始時，大家不由自主的囤貨行為：泡麵、衛生紙⋯⋯。很多時候我們的所做所為並不是出自個人的判斷，而是大家都這麼做，自己也就跟著做了。

因為跟著大夥一起行動，比較不會感到孤單，無形中具有某種安全感。然而，當我們跟隨他人腳步時，屬於個人的判斷及價值需求，也會在情境中降低或迷失。不妨思考一下，當我們跟著趨勢或潮流一窩蜂地做一件事，之後呢？

往往僅止於短暫的壓力釋放，不久又回到問題的本身，再往更深一層檢視自己的狀況，內心依然躁動不安。

寂寞，通常是處於一種想要有人陪伴，卻不可得，或想要融入群體，卻無法融入的感受；孤獨，則是在一種獨自無人陪伴的事實，或因意志選擇而需保持獨立，但內心依然有所依歸的狀態。於是，當我們面臨「獨處時刻」，反而是練習自我對話的契機，「跟自己作伴」讓自己孤獨而不寂寞。

一旦開始和自己對話的時候，內心是豐富的，此時的腦子裡產生很多想法，也會想起過往各種經驗，以及不同時空背景下的自己。也許，思緒會想到未來的期望，或現在的一些人、事、物，當然，整理自己的過程，心情難免也會患得患失。

如果剛好想到一些令人愁苦的事，翻湧而來的情緒，恐怕就像是要將自己淹沒。因此，在獨處時，如果任憑自己憑空隨想，悠遊於想像之中，心思恐怕越飄越遠，不但做不到認識自己，反而讓自己更加混亂及糾結。那麼，如何找到獨處時的自在？

孤獨是自己跟自己作伴，透過更深層的自我對話，開啟心中那扇閉鎖的門，從中看見自己在事件中的位置，在聽見自己心中的聲音時，試著停留、感受並探問——此刻我的情緒如何？這些情緒怎麼來的？此刻我的心情被什麼影響？我怎麼看待這樣的自己？

在問答的過程裡，一方面釐清自己的想法，一方面也感受自己的困頓，但更重要的是看見自己想要珍惜的東西，也許是一個夢想，也許是一段關係，也可能只是找回曾經失落的自己，而我們也因為這樣的看見，從而更明確地清楚自己的方向。

跟自己對話，擁抱不圓滿

我們或多或少都有「自己陪伴自己」的經驗，但是很多人不知道如何和自己對話，或者，認為只有孤單無助的人才會需要和自己對話。

試想，當我們在現實中遇到麻煩事，通常會想找三五好友訴苦，也許煩惱的事就在談笑間一掃而空，但前提也得遇到「神救援」的隊友，萬一來個「豬隊友」，恐怕自己還得收拾殘局。當聚會結束，大家帶著愉悅心情互道再見，自己好像又落入了另一層的空虛。於是，原有問題還沒有露出一線曙光，又急著把自己投擲到下一個喧囂，重複著「不去面對自己」的習慣，持續逃避內在的聲音，以一種「不去碰它就沒事」的想法，任憑心中的空虛更為猖狂。

然而，如果我們曾經對自己感到好奇，想要重整心情和想法；或是想在一段關係中調整互動的方式，成為更好的自己；又或是想要克服內在的脆弱，開展新局，那麼，學會和自己聊聊，似乎是個不錯的開始。

此時，在心底設定一個「獨處角落」，用來陪伴那個不順心的狀態，學習「擁抱」失落，讓缺了一角的自己，接受人生也會有「暫時卡住」的時候。

在生命陷落時，也讓我們望向生命，向自己提出質問：「人生一定要圓滿嗎？不圓滿就代表不好嗎？那個所謂的圓滿，誰說了算？」能夠圓滿，固然是好事一樁，可是生命中的璀璨，有時候是因為不圓滿，反而充滿故事。

就像馬路上遇到大塞車的情況，即使卡住了，但整體還是行進中的狀態，只是節奏慢了些。在人生卡住的時刻裡，仍然可以跟自己說：「沒問題，一定可以！」雖然感到十分艱熬，內心卻生出「勇氣」與「韌性」。

人生如同一道饗宴，除了品嘗各種際遇的酸甜苦辣，同時也創造出自己的生命滋味。這個「自己陪伴自己」的獨處角落，成為安頓身心的地方，也帶動轉變的契機。於是，有了《跟自己作伴：找回獨處不心慌的安定力量》的出版初衷，希望與讀者分享，變動時代的日常喘息，忙碌身心的安頓練習。

接納自我，不心慌的安定力量

「跟自己作伴」可說是個龐大的主題，主要想帶讀者再次看見「當下自己」的重要，而不管是憤怒、沮喪、焦慮和茫然，可能都是一種重新看見的契機。

因此本書章節安排，共分成六部分——

Chapter 1 帶大家先看見自己，回到對自己的認識和瞭解上面，重新以不同的視角來定位自己，並用周哈里窗「四個範疇的我」來描述對自己的認識與瞭解。

Chapter 2 透過開始跟自己內在的經驗互動，練習「找自己」的過程，也是「和自己對話」的開始，從生活、經驗、人際看見不同樣貌的自己，經由貼近自己，來照顧那個曾經被忽略的自己，學會覺察及如何跟自己對話、感受。

Chapter 3 主要依據家族治療大師薩提爾（Virginia Satir）所提到的溝通情境下常見五種因應互動型態及《冰山理論》，看見自己的行為及情緒下，隱藏的需求、期待及渴望。

Chapter 4 回到生活中，對情緒的覺察、辨識和行動，是以「人在情境中」，在「我」、「他人」和「情境」的互動中，如何透過自我陪伴的力量，突破僵局。

Chapter 5 面對一直以來給自己許多的「不可以……」和「應該要……」，以致於讓我們離自己真實的感受越來越遠。重新檢視這些自己設定的規則，重新開啟的「選擇性」，幫助我們透過再一次的選擇，進而釋放情緒的困頓，找回當下的力量。

同時也能看見復原力，讓我們能更靠近自己一些，承接與修補斷裂，甚至把迷失的自己重新「接回來」，跟自己接軌。

情緒本身是一種狀態，沒有所謂的好或不好，憤怒本身並沒有對錯，而是我們表現憤怒的方式，才導致後面的問題。但我們更需要知道的是，這個令人這麼生氣的背後，我們在乎的到底是什麼？因此，當情緒發生的時候，該如何看待，又要怎麼覺察？這本書希望提供一個觀看入口，在獨處時刻，認真看見孤獨角落裡的那個「我」，進行自我對話與整理——我是誰？我在哪裡？我為什麼生氣？又為了什麼而難過？什麼是我在乎的？未來又想要朝哪個方向前去？

然後，我們就會發現：「原來，我還可以重新選擇，還能用不同態度面對事情！」在生活中各式各樣的情境下，看到更深層的自己，因而有了調整、面對，與再次出發的契機。透過跟自己作伴的時機，辨識情緒的本質，以及背後真正的需要，就能更知道如何接納情緒、面對問題。

在這條學習接納自我的漫長旅程，希望這本書如同置身於浩淼大海中的小舟，願能適時給予一些安穩的力量，在波瀾之後，更堅定地前行。

Chapter 1

不用怕，
看見自己不為人知的那一面

疫情之前，工作、家庭、聚會，多數人忙著衝刺生活，沒有太多時間留給自己；疫情爆發之後，口罩、病毒、警戒升級，人與人刻意保持安全距離，行事曆一下子有了許多空白，竟加深內在的恐慌。

「停下來，好讓你的靈魂跟上！」此刻，正好讓自己喘口氣，在這個安靜的空間裡，傾聽自己的情緒，表達自己的感受，進入「找自己」的旅程……。

1 自己，一切紛擾的起點？

「糟透了，諸事不順！」情緒展現的背後，往往隱藏著自己的需求和期待。

自己，可能是一切紛擾的起點。找到自己，也許就能平息所有的紛紛擾擾……。

「今天真的糟透了，諸事不順！」

說出這句話的時候，心情如何？是生氣，還是沮喪？因為事情不如預期的進行而生氣？或者對努力許久的專案遲遲沒有進展而沮喪？

我們可以——繼續讓情緒淹沒自己，甚至接下來的時間，全被這樣的心情打亂。

當然，也可以——選擇做些什麼，改變自己的心情，或者找出事情不順利的原因。哪一種是你習慣的方法？

按下暫停鍵，看見久違的自己

情緒展現的背後，往往隱藏著自己的需求和期待。

有些人很容易讓自己陷入情緒之中，無法自拔；或是糾結在某個事件裡，一蹶不振。等到事過境遷的時候，才悔不當初，卻持續這樣的惡性循環。

正視衝突發生的當下，開始跟自己對話，適時地「喊停」。此刻，正好讓自己喘口氣，在這個安靜的空間裡，傾聽自己的情緒，表達自己的感受，進入「找自己」的旅程。

「你是重要的，因為你是你。即使活到最後一刻，你仍然是那麼重要，我們會盡一切努力，幫助你安然逝去，但也會盡一切努力，讓你有品質地活到最後一刻。」從事安寧臨終照顧的工作，這句話讓我感受到一份對人的關懷，同時也是一個提醒——無論處在什麼樣的情況之下，都要如此珍視自己，看重自己。

除了生活及工作必要的人際互動，大多時候的我們都在跟自己相處，然而停下來「感受自己」這件事，則是需要不斷練習。

陷在日常的忙碌中，沒有什麼比「把事情完成」來得更急迫了，長久下來可能會習慣忽略掉「自己的聲音」，其中包括感受和需求。然而，在某個突發狀況下，例如生病，或是受到疫情波及停工、居家上班，有了停下腳步的機會，彷彿按下「暫停鍵」的時刻裡，終於看到久違的自己。

「停下來，好讓你的靈魂跟上。」就在忍受不了眼前這一切的時候，發現原來我還可以有另一種選擇：STOP！

於是，靜下心來，開始所謂的自我對話。

浪子的選擇，我在醫院的看見

末期病人可說已經走到人生最後階段，他們往往會在此時面對真實的自己。回顧一生，如何看待曾經的成就和失落？如何解決依然糾結的愛恨與情仇？如果生命可以重來，是否會更清楚自己的想法或需求，不至於在一時的挫敗中迷失自我？

六十多歲的阿山哥，住進醫院時已是末期階段，卻不見其他家人陪伴，總是孤零零的一個人，於是我問：「你的家人在哪裡？」

沉默的他，並沒有答話，跟人的距離很遙遠，彷彿隔著一道厚厚的牆，難以碰觸到內心。

身上還有年輕時留下的刺青，大片的龍鳳呈祥，紀錄江湖闖蕩的歲月，宣示著「人不犯我，我不犯人」的意味，我們彼此也保持著這樣的社交距離。我沒有刻意打破這樣的默契，這是建立關係的過程，對他的一份尊重。

當我每天到病房探望阿山哥，也只是輕輕打一聲招呼，團隊也無法跟他產生更多的互動，在禮貌性的點頭回應裡，可以感覺得到他是一個有故事的人，只是我們不知道而已。

有一天，病房舉辦了一場活動，在活動中，有一個小型的卡拉ＯＫ點唱機，阿山哥就在大夥的簇擁下，點了一首台語歌——

「人在江湖身不由己／可比是無厝彼粒星／我的心內有酸苦的滋味／沉重的聲音訴哀悲／啊——／不是我不是我愛酒味……」——阿吉仔〈人在江湖〉

唱著唱著，突然看到他的眼淚就這麼地流下來。

就在那一刻，突然看見「真正的他」，歌聲裡，有一點淒涼，以及對於人生命運的無奈。儘管眼淚沒有聲音，但有灼熱的溫度，彷彿聽到了他想要訴說的故事。

這個事件之後，雖然我們沒有深談過，但在那一個「暫停」的剎那間，他釋放了自己，我也好像讀懂了他的眼淚，似乎說著對於過去的懊悔、不勝唏噓的惆悵。阿山哥的內心可能有好多的情緒，如果當年他知道怎麼選擇的話，或許，沒有人想選一條這麼崎嶇的道路，沒有人想要做所謂的「歹子」。

每個人做出選擇的時候，同時就要承擔起後面的責任。有些人只想要一個好的結果，卻逃避過程應該付出的努力。

逃避，可能是我們面對壓力之下，最容易的反應了，當你想要拋卻責任，不想為自己人生負責時，你其實已經又做出了一次選擇。

對阿山哥而言，當時他一定也不覺得自己這樣子不好，可是在人生的最後階段，重新看見「那個時候的自己」，他會不會也在懊悔，當年的選擇造成如今的結果？

2 拉回，越走越遠的自己！

我們努力維持一個外在形象，卻讓我們跟自己產生了距離，使得自己無法靠近真實的自己……，彷彿走進一個人的武林，自己成了自己最大的敵人。

在我的工作中，有句話是這麼說的：「個案不是有問題的人，而是背負著問題的人。」

人生長河幾度曲折，有時候當局者迷，總困在一個剪不斷、理還亂的難解習題，這種不想面對的無力感，只好選擇把自己武裝起來，不要去感覺。

如此一來，也就不用思考自己真正渴望的是什麼。然而，這是最好的做法嗎？

走進，一個人的武林

生病的時候，往往顯得特別脆弱，尤其是走到生命的最後階段，內心湧動的不安和無助，都可能讓自己產生更多的防衛。

如同前面提到的阿山哥，當他眼淚掉下來的同時，就悄悄卸下了武裝，那一刻也敞開了某部分的心房。

因應工作和生活的種種挑戰，我們往往努力維持一個外在形象，但這個努力的目的到底為何？為了贏得別人的讚賞？還是為了掩飾自己的不足？然而，它卻讓我們跟自己產生了距離，使得無法靠近真實的自己。

於是，一旦發生事情，就用忍耐代替改變，用憤怒代替羞愧，用責怪代替自省……。很多人都在不知不覺中，跟自己的心越離越遠，也不習慣獨處時，面對內在的空虛及外在的失落。

因此，內外皆空，找不到改變的著力點，彷彿走進一個人的武林，自己成了自己最大的敵人，把自己弄得滿身是傷。

走出，一個人的天寬地闊

然而，有人卻能夠享受其中，自在地面對孤獨，即使身處大山大海，依然波瀾不驚，走出一個人的天寬地闊。

有人問，保有某些祕密，難道不好嗎？當然，每個人都有自己不想被人探知的隱私，或是想要隱藏的弱點。就像阿山哥，可能害怕別人無法接受他的過去，所以用防衛的方式，在內心和外在築起一道冷漠的高牆，也就不必擔心被人拒絕時，感到難堪或受傷了。

直到他透過一首歌來展現自我，才發現原來「自己是安全的」，當我們的回應為他帶來安全感，他就可以繼續展現真實的自己，不必因為害怕受傷而繼續武裝，或是掩飾內在的情緒。

身處這樣一個變動急速、紛亂無止的年代，「靠近自己」是件不容易卻十分重要的事，其中有一部分的阻礙，來自於過去的受傷經驗，放不下的那份擔心，於是習慣於將自己武裝起來。然而，有一些探索的方式，可以幫忙拉回越走越遠的自己。

大疫之年，身心安頓之道

二〇二〇年起，全世界籠罩在新冠疫情（COVID-19）的威脅之下，人人自危，二〇二一年五月台灣進入三級警戒——口罩、隔離、自主管理，各種管制措施紛紛出籠，限制不必要的日常移動。

生活中原本排滿的行程，一一取消了，那些多出來的空白，不只考驗著在宅蝸居的耐力，還要避免落入群體恐慌的焦慮。

大疫之年，人與人之間不可少的安全距離，「隔離」成了不再陌生的體驗。生活裡有了更多時間，是必須要跟自己在一起。

這一年來，我們的生活有著巨大的轉變，尤其在疫情嚴峻的階段，大家更是不敢出門，不只是會議、活動，就連平日生活所需的餐廳、賣場、超市等，也因為防疫關係而減少出入或改變購買形式，轉以網購或外送平台。

工作型態也跟著改變了，在家工作（work from home）成了常態，很多活動、課程及會議等，也都因為疫情而取消、延後，或是改用視訊的方式。

世界沒有因為疫情而停止，由於生活的需要，每個人還是相當忙碌，然而出於個人的選擇及生活型態，忙碌方式，各有不同。

我們在生活的取捨中建構自己，於是——有些人開始忙很多「自己的事」，在減少外出活動的時間裡，開始找尋自己的興趣，或發展出額外的嗜好，以前沒有在畫畫的人，現在開始試著拿起畫筆；或者善用疫情期間的線上課程，拓展自己的知識；還有些人則乾脆把時間拿來好好整理塵封多年的舊物。

當視野拉到另一個場景，在看似緩慢前進的日子裡，部分民眾的內在焦慮卻直線升高，有些地方開始發生群聚現象——例如大排長龍的賣場。看見大家都在搶購民生物資的時候，心中產生害怕被別人搶光的恐慌，只好趕快跟上隊伍。

現在回頭來看，在那樣的情境當中，我們做了某些行動，其實是要回應內心的擔心和情緒上的不安，或是當下也有實際需求的必要性。

諸如此類的狀況，是不是也曾在過往經驗中出現？

我們再把場景拉開，試想人生的某一個時間點，如果可以在慌亂的時候，稍微停下腳步，好好想一想——到底什麼是我所需要的？或是什麼是我想要的？讓當下的身心得到安頓，是不是可以避免白忙一場，不造成日後虛擲時光的懊悔？

二〇二〇年，為了緩解「衛生紙之亂」，行政院長曾說出了一句名言：「大家不要搶衛生紙，因為一個人只有一個卡臣（屁股的閩南語）！」他帶大家回到現實，不要因為恐慌而出現過度囤積的行為，在群眾心理的影響之下，這些購買行動只會徒增內在的不安跟慌亂而已。

有人問，我們真能讀懂自己當下的心嗎？可以肯定的是，當我們掌握自己的內心，就不會那麼躁動，不會在突如其來的變動中，自亂陣腳。

如何好好跟自己作伴，是一個練習的過程，需要從生活經驗裡一點一滴累積而成。自我安頓不是一個知識概念，需依照每個人的生命體會，就能在自己的經驗裡，找到安定自處的力量。

3 我是誰？關於「我」的角色扮演

「角色」是定位自己的重要關鍵，也代表著一種身分認同。

或許我們可以從「問自己」的過程當中，試著「找到自己」的定位……。

試著問自己：「我是誰？」然後以直覺式的回答，得出第一個答案，緊接著再問一次：「我是誰？」得到第二個答案。

連續問幾次之後，就會得到關於自己的幾種角色和定位，例如：我是警察、我是爸爸、我是丈夫、我是人民的保母、我是陽光使者、我是〇〇〇（姓名）……。

角色，自我身分的認同

如果檢視這些答案，每個人就會得到「關於自己」的大致輪廓。多數人會從姓名、個性等面向，開始描述「我是誰」。「我」可能是人家的兒子、父親、太太，然後又是公司裡的職員、老闆、顧問、合夥人等等。

「角色」是定位自己的重要關鍵，也代表著一種身分認同。我們在生活裡不斷地和別人互動，不論是在工作、在家中，都需要應對場合扮演不同的角色，即便是自己獨處的時候，這些身分也不曾遠離。

此外，角色也有它的社會功能，社會角色帶來關係中的歸屬感，例如在一個家庭裡面，我是一位父親／孩子，當我在家中角色功能不稱職的時候，就會出現關係裡的衝突，包括一些對於角色功能的責怪和質疑，舉例來說：「你真的像一個爸爸的樣子嗎？」、「你這樣是一個小孩該有的表現嗎？」

因為角色具有功能性，背後就有所謂的角色期待，一旦互動上發生衝突，就會產生期待落差。

「怎麼樣做我自己」這件事，中間牽涉到是否知道自己要的是什麼？也就是自我需求不被限制或干擾，同時還得考量到人際關係的互動，不再是為了和諧，避免衝突而已，學習一種不傷害他人，也不傷害關係的方式，依舊可以保有自己。

或許我們可以透過「問自己」的過程，試著「找到自己」在每個角色的定位。因此，當我想要「做自己」時，就可以清楚知道如何自我表達，在既有的角色上面，還可以保留多少彈性，一旦出現質疑的時候，又該如何調整，保有做自己的空間。

打開心窗，自我關係的覺察

「我是個什麼樣的人？」、「我自己瞭解自己多少？」、「別人瞭解我嗎？」、「我容易敞開心胸和別人談論自己嗎？」透過自我覺察、他人給予的回饋，以及和別人的互動，我們就有機會更加認識自己。

當我們想對自己有更進一步的瞭解時，周哈里窗（Johari Window）就是個容易應用的概念，由心理學家喬瑟夫・魯夫特（Joseph Luft）和哈利・英格漢（Harry Ingham）所共同發展而成的理論。

周哈里窗以四個窗框代表四個狀態或範疇，突破心牆，透過不同面向認識自己

——公開我、盲目我、隱藏我、未知我，打開心窗，隨著情境或時空的不同，相互影響或轉換。

	自己知道	自己不知道
別人知道	公開我	盲目我
別人不知道	隱藏我	未知我

周哈里窗（Johari Window）

◆公開我——自己認可的安全展現

每個人都有不同的面向，自己在日常生活希望被看見的公眾形象，形成一個公開的我，一種個人認為最安全的展現。不過，這個自己所認同的「我」，還包含著社會對「我」的期待。

舉例來說，我是一名社工師，同時也是心理師，這是公開的角色，也符合別人對我的期待。因此，朋友常常會私下問我：「我有一個情緒上的問題，最近覺得好沮喪，很想找妳聊聊，聽聽專業的意見……。」

此外，這個具有社會性期待的「公開我」，還會因應情境來展現自己的樣貌，比如我們會對一位具有傑出表現的人說：「他真有大師的風範、巨星的光彩！」透過這樣的描述，這個人所展現出的樣貌，同時符合他想要展現的自我，並和別人的觀點一致，這就是公開的我。

「公開我」是人際互動中很重要的部分，往往也讓我們和別人相處有更多元豐富的互動。因此，當「公開我」的範圍越大，個人面對外界也就越自在。

◆隱藏我——自己給自己的貼心照顧

相對於「公開我」，我們自然也有一些不想被別人知道或干擾的部分，像是家庭生活等，這些刻意隱藏起來的範疇，就是所謂的「隱藏我」。

當我們覺得自己的某些樣態，別人不一定可以接納或認同時，就不會刻意地展現，或是只在比較親近的人面前，才會表現出來，用以保護自己。

舉例來說，「醫師」的職業是照顧生病的人，專業嚴謹、行止如儀是一般人對醫師的印象，但私人領域裡，也許這個醫師就喜歡穿著拖鞋、逛夜市，對於眼前的美食大快朵頤，和平常在醫院工作的模樣完全不同。

我們也常認為活潑外向的演藝人員，應該善於人際互動，但很多公眾人物卻表示：「其實我私底下很自閉的……」，或是「螢光幕下的我，其實很害羞，並沒有像大家想像中的那麼健談。」這個「私底下的我」反而比較接近真實的樣貌，因為不用考量別人對自己的期待，而必須表現出什麼樣子。反過來說，因為覺得在這樣的場合不夠安全，而將「私底下的我」隱藏起來，選擇以大眾期待的形象呈現。

當然，能夠全然展現自己，是一種相當自在的狀態。然而，我們常常為了要保護這個「隱藏我」，而必須設下界限，做出一些防備，以便擁有屬於自己的小天地，不被打擾。

尤其在我們受到傷害的時候，可以卸下沉重的角色，回到自己的小天地，讓「隱藏我」適時地出來透透氣，進而安撫受傷的心情，好好跟自己相處，也是對自己的照顧。

◆盲目我——從別人眼中看見自己

如果有人對你說：「你穿藍色系的衣服特別亮眼，整個人神清氣爽，特別吸睛！」你會不會從此就把藍色系當成「幸運色」，每當重要場合或需要信心的時候，就會穿上它呢？

某一部分的自己，確實需要透過別人的口中得知，我們自己也會好奇在別人的眼中，自己到底是一個什麼樣的人？因此，透過別人的看見，可以讓自己更清楚瞭解「我是誰」。

我們從別人給予的回饋，對自己有了多一些瞭解，別人眼中的我，也回應了我們對自己的好奇，以及自我期待的印證，如果對方又是你所重視的人，他的看法就更重要了。我們如何透過這些回饋，在日常生活中展現優點，同時避免暴露缺點，成了「被看見」的意義。

因此，在別人還沒有告訴你之前，這些不知道的自己，就稱為「盲目我」。

「盲目我」的背後，隱含的是人跟人之間的互動關係，當你和他人關係越是親近的時候，就越有機會聽見更多的真心話或是真相。

「因為跟你交情很好，才敢告訴你，請不要生氣，衷心希望你能知道……。」相信你也聽過這樣的話。如果只是泛泛之交，那麼，你的好、你的壞，跟對方沒有太多關係，講得太多，反而無意中冒犯別人了。

對於一個真心的朋友，或是關係比較深刻、相對穩定的時候，才有機會透過對話、互動，試探對方可以接受的界限。畢竟，我們不清楚對方如何看待自己的「盲目區」，或是當他被指出「盲點」的時候，不知道會有什麼樣的反應，假使那是對方刻意隱藏，而非不知道，那就相當尷尬了。

回到自己本身，倘若能夠聽到比較多真實的回饋，其實有助瞭解自己，進而調整、修正自己。

舉例來說，有些人在情緒一上來的時候，隨口說：「你真的笨得可以！」認為別人知道自己「有口無心」，卻忽略了「聽者有意」，雙方因而產生嫌隙。類似這種無心之過，經常是「盲目我」的表現，等到旁邊的人提醒：「你剛剛那句話好像太直接了，對方不過是想要幫忙而已！」這才驚覺到，那句話確實有些不妥當。

俗話說：「以銅為鏡，可以正衣冠；以古為鏡，可以知興替；以人為鏡，可以明得失。」正說明自身言行的盲點，需要他人從旁回饋，像前面那樣的無心之過，若能及時向對方澄清、道歉，就可以及時化解誤會，彌補裂痕，自己也會得到一個朋友，而不是樹立一個敵人。

當我們討論「不同面向的我」，不單是一味地問自己：「我是誰？」還需要透過別人的觀點，幫助我們看見自己。

其中關鍵在於一個穩固的關係，越是穩固的關係，我們越能在安全的互動狀態裡展現，讓別人看見、發現那個「盲目我」，透過善意的回饋，讓自己發覺更多「不為己知」的樣貌。因此，這個找自己的過程，也在重新檢視人我互動關係。

◆未知我——冰山下的自我探索與接納

因為未知，所以恐懼，一旦清楚了，反而會有不同的驚喜與期待。

然而，如果面對的是自己不瞭解，別人也沒有察覺的「盲目區」，可能就會造成互動上的衝突或危機。

若以「冰山」的概念來比喻「未知我」，要從「未知」轉變為「已知」，就得一步步深入探索，樣貌才得以浮現。好比一層一層地剝開洋蔥，進入內在的未知冒險，看見未知的自己，也帶來自我接納的課題。

前面提到「隱藏我」，當自己在別人面前表露隱藏的個性或想法，會擔心別人是否能接納；同樣地，面對「未知我」的探索時，湧現的往事，再次翻攪情緒，自己需要有重新檢視、重新感受事件的勇氣，最後就是接納自己。

回頭來說，假使「未知我」的範圍越大，相對性的破壞也就越大，因為別人有可能隨時就會踩到地雷，一旦感受到被侵犯了，自己又會做出什麼樣的反應，完全無法預測。

但是「未知我」的領域，同樣具有尚未發揮的正向潛能，例如好多人會說：「從來不知道我有這麼大的勇氣做這件事！」或是：「我不知道他這麼勇敢！」直到事件發生時，才被激發出來。

我們當然希望盡可能掌握生活裡的大小事，避免突如其來的事件，造成不必要的傷害。當我們越知道自己要什麼、自己是什麼樣的人，「未知我」就會越少，我們就能握有人生的掌控權。

自我轉換情境，回歸安適自在

不論是公開我、隱藏我、盲目我，或是未知我，這四種情境下的自我展現，都會隨著我們的自我探索和人際互動而轉換。

舉例來說，我知道自己是一個容易焦慮的人，一旦事情臨時被安插進來，打亂原本排好的計劃，就會容易慌張失措，這屬於「隱藏我」的部分，但別人知道嗎？別人可能不知道，於是你可以告訴對方：「這需要給我一個禮拜的時間好好準備，否則容易出錯！」

當你提出需求的時候，別人就能理解需要給予更多的準備時間，這個容易焦慮的特質就從「隱藏我」變成了「公開我」，反而成了一種保護力，同時緩解目前所處的壓力情境。

或是最近工作繁重，一旁同事捎來關心：「你最近好像比較常生氣，是不是攬了太多事？不要讓自己忙到人都浮躁了！」透過別人的提醒，讓我們看見「盲目我」的狀態，至於為何容易浮躁、經常生氣呢？別人不會知道，恐怕自己也很困惑，這種狀況就是「未知我」，也許是過去經驗或習慣的影響，也可能是個人特質的關係。

「未知我」是「四個我」當中最容易產生混亂的情境，試想如果是一個自己都不清楚、別人也不知道的狀態，那會是什麼樣子？

對自己的未知，也會混淆人際互動裡的界限，有時候不假思索採用討好的方式應對，默默承接了超過負荷的重量，別人以為你做得到，你卻暗自叫苦，覺得受委屈無法說出真實的感受。

自己不瞭解自己，別人也不瞭解你，溝通無法對頻，就容易發生衝突，雙方期待上的落差，關係炸彈將一觸即發。

當對方瞭解你，或是你可以瞭解自己的時候，就會留意彼此的需求及界限，也能掌握當下的情境和感受，而在互動中有所取捨，用一種適切的方式，向對方表達自己真實的感受。

透過探索未知的自己，理解冰山下的「未知我」，擴展對自己的瞭解，才能順利拆除情緒引線，達成順利的溝通，回到安適自在的狀態。

4 靜下來，找一個靠近自己的角度

「我從來不知道自己可以跟自己對話！」一位朋友在嘗試探索自我的時候，這麼對我說。

讓自己靜下來，聽聽自己的聲音，獨處時和自己對話，整理自己的過程，也是陪伴自己的方式。

很多時候，我們渴望自我實現，但是為什麼在這個追求的過程中，反而跟自己越離越遠？

日夜努力追趕目標、邁向理想的前路，當一切看似風光滿面，事業慢慢一帆風順之後，卻在獨處時難掩空虛，生活裡狀似豐富，卻湧上無邊無際的迷茫……，突然忘了這樣做的意義為何？

此時，又該怎麼停下腳步，傾聽自己，靠近自己的內心？

靜下心，和自己面對面

「靠近自己」這件事，乍聽之下有些矛盾，因為自己就是自己，還需要靠近嗎？

有些人習慣逃避獨處、有些人不知道如何和自己對話、有些人找不到努力的意義而選擇自我放逐，有的時候，我們也會無法面對自己的不完美，或者極力突破自己，卻仍然感受不到達標的輕鬆自在。

我們可以試著靠近自己，感受當下的感覺，客觀地檢視想法及行為，發現自己的豐富，甚至是過去沒發現，但應該被珍惜的自己。因此，整理自己的過程，同時是一種自我探索，也是陪伴自己的方式。

「靠近自己」本來就不是件容易的事，但我們也不斷地嘗試——在迷失方向的時候、面對決策彷徨的時候，或是工作、人際互動、情感關係……，突然覺得需要找到一份支持的力量，讓自己繼續前進的動力。

此時，也許不用急著向外求援，而是讓心靜下來，找一個靠近自己的角度，聽聽自己的聲音，和自己對話。

整個過程也是一種生活經驗，有些朋友在嘗試探索自我之後，與我分享：「我從來不知道自己可以跟自己對話！」

靠近自己，讓自己照顧自己

在不同時期、情境，或是面對不同的對象時，每個人都可能展現出不一樣的自我狀態。

有些表現出來的樣貌是自己喜歡的狀態，有些時候則會讓自己感到沮喪，不禁思考為什麼我會是這個樣子？當我們回頭檢視過去的自己，開啟內心的對話，就能進入探索的階段。

有人可能會問：「我不知道怎麼開啟內心的對話，也不知道如何自我對話！」直到有一天突然驚覺，我怎麼會變成現在這個樣子？為什麼生活裡好像找不到樂趣了……。

以前喜歡到處旅行，現在再也不感興趣，以前喜歡跟朋友聚餐、聊天，如今疲於應付，即便是自己曾經最熱衷的唱歌，也開始覺得乏善可陳，隨意哼唱一兩首歌，就打退堂鼓：「我累了，明天還要上班，想早點回去休息了！」

假使有所覺察，對於自己不若以往的朝氣蓬勃，生活少了積極性，便會在內心有了某種渴望，也開始湧上疑惑——自己需要什麼？什麼才是我要的？我的目標又在哪裡？突然之間，就啟動了自我對話。

內心深處的疑問很難馬上獲得解答，即使我們不斷尋求，仍可能不得而知。因此，有些人在煩悶或壓力之下，選擇用食物滿足自己，身材就慢慢橫向發展；有些人對理想追求感到麻痺，反而想在生活中尋求更多刺激；有些人則選擇逃避，試圖把生活塞得更滿，卻換來更深沉的疲憊，最終彈性疲乏……。長期慢性的壓力，導致身心失衡，惡性循環之下，自己也越來越沒有耐性。

當生活亂成一團，也許是改變的時候到了。

正如全世界經歷著新冠肺炎（COVID-19）的疫情，這一年多以來，過往生活經驗有了徹底的改變，包括人們的購物、對話、工作、交易，甚至是看待事情的方式。

舉例來說，光是「戴口罩」這個行為，過去在國外是很難養成的習慣，因為一戴上口罩，別人直覺反應就是「你生病了」！如今的疫情完全改變我們既有的認知，不管是日常生活或正式場合，全部都要把口罩戴好戴牢，世界各國人人開始瘋狂搶買口罩，台灣為此加開生產線，甚至製作了口罩地圖、口罩實名制，最後不只供應內需，危急時刻還能捐助急需的國家，進行口罩外交。

在這個改變的過程當中，難免打亂了生活節奏，「自主管理」或「被動隔離」的日常，不免讓人煩躁起來，心情難免顯得低落。此時，身旁或許沒有平常熟悉的朋友群，可以一起分享心情，但我們可以嘗試做自己的心理師，回頭看看自己，聆聽心中的聲音，跟自己對話，重新找到自己的定位。

疫情終會過去，這段自己照顧自己的時間裡，那些失落和轉變，都將成為深刻的體會。

5 自我對話，人生階段性整理

就算是一個小人物，也有小人物的哲學。如何在複雜的世道裡找到生存的技巧，悠遊在自己的小天地裡，而不覺得渺小？

我在安寧病房照顧過一名阿公，有一次他告訴我：「我已經七十多歲了，當年我一個人來到台灣，如今整個家族已經有二十幾個人，子孫們雖然不是個個功成名就，可是他們都奉公守法，現在我的生命已經走到最後，即將要離開了，內心感到非常踏實⋯⋯。」

阿公透過這段自我對話，為人生進行一場總整理。

內心豐足，無比踏實

這一段自我剖白，裡面充滿著自我撫慰，阿公很真實地呈現自己：我的小孩、子孫們即使沒有豐功偉業，卻踏踏實實過好每一天，正是一個市井小民的安穩日常。

我相信他也曾希望兒孫能夠揚名立萬、光宗耀祖，但在期待與現實中，給生命重新定位。他沒告訴我們的是，他花費多少心思在「調整自己」的過程，怎麼整理自己的經驗，然後重新替這段經驗下一個註腳？

阿公並沒有說：「我有個成功的人生！」而是說：「人生走到這一個階段，可以心安理得，仰不愧天、俯不愧地！」

很多人的一生並沒有高潮迭起的經歷，在每天的小事裡，做好自己的本分，過著平實的日子。這個人生，你求的是什麼？有多少人求的，其實只是一份安穩、無憾。

年輕的阿公應該有過很多的理想，可是在生命的最後階段，重新整理自己的時候，回頭看來時路，他不再強調「沒有達成的理想」，而是「此時擁有了什麼」。

找到生命的立足點，讓自己安在

很多人都會說自己「生平無大志」，或是這輩子也沒什麼豐功偉業，可能只是做一名小職員。也許我們沒有想過，一個平凡的小人物，卻能讓自己在生活中過得安然自在。

然而，就算是一個小人物，也有小人物的哲學，如何在複雜的世道裡找到生存的技巧，悠遊在自己的小天地裡，而不覺得渺小，便是我們的課題。

當我們找到生命的立足點，就擁有一種安適自在的狀態，於是做一名小職員也能夠發揮自己的特長，擁抱屬於個人的價值和意義。

然而，「安適自在」的背後，可能需要一些勇氣，敢於面對質疑的聲音，學習在自我需求跟他人期待之間，看到立場的差別。那些加諸自身的過多期待，往往來自父母、老師、同儕等，在我們「找自己」的過程裡，難免會有一番掙扎。

最後，內心深處總會有一個聲音，隱約或清楚地提醒著自己想要扮演的角色。

這才發現，不是每個人都想當鎂光燈下的主角、競賽場上的選手，受到矚目與喝采。有時候當個配角，好像更能夠彰顯自己的特質，當我們透過這樣的自我對話與整理，就能找到自己的價值，並且安於那個位子，即是「安在」。

人生際遇，各自燦爛

每個人年輕時可能都想過「我以後要如何如何……」，隨著年紀漸長，發現自己無法達到，只好把期望打折、再打折，然後跟自己妥協。每次妥協的結果，我們失去了什麼嗎？面對人生，什麼情況才能說「此生足矣」？

我特別珍惜生活中看似平凡的小事，那些發生在身上的際遇，都給了我一個反思的機會。

每個人都有自己的人生際遇，每一個階段的改變，都是從小部分慢慢地轉換，讓我們能夠調整看待事情的視角，並且在過程中尋得一條出路。

各領域有傑出表現的名人們，在接受訪談時，都不免講到那段深刻磨練自我的過程，旁人聽到時往往會說：「換作是我，怎麼受得了？」那些不為人知的辛苦，一點一滴累積起來的養分，使他們的日常，閃耀出動人的光芒。

前線作戰的勇士，開疆闢土，令人激賞；後勤補給的小兵，按部就班，讓人安穩。

從來就沒有理所當然的事，你的歲月靜好，都需要靠努力來打底，能夠掌握住那些像煙火般一瞬間發出璀璨光芒的人，除了本身的條件，也要持續奮力不懈，才能在平凡中顯露耀眼的不凡。

就像前面提到的那位阿公，在生命盡頭的自我回顧，就是一名真正的勇者，許多這類小故事，隱藏在日常生活裡面，就等我們再發現。

找自己，不受限

「找自己」是一種持續轉動狀態，「上個月的你」跟「這個月的你」就不一樣，古人說：「不經一事，不長一智。」我們隨著日子的前進、事件的磨練，每天都在悄悄改變。

我們會在紛至沓來的事情中學習適應，並且調整自己，這也是為什麼可以從過去的經驗中找到自己，從過去的經驗裡整理自己。

「他就是和他爸爸一個樣！」、「現在就流行這樣穿！」、「同學都在玩這個啊！」、「我把妳拉進群組哦！」我們的生活不斷地受到周遭的人事物影響，從日常的穿搭、對於事件的觀點，再到價值信念的破壞與建立，身邊的人一直扮演著重要的影響力，他們可能是我們的家人、親友、同事，或者自己欣賞的偶像、名人，也可能是一起學習的同伴。

我們對於自己的認識，不只存在於個人的世界，還要從接觸的群體來加以對照，所以「找自己」的過程，需要對照「參考團體」。

在自己所屬的群體裡面，我們會希望和大家一樣，透過觀察而有一些細微的修正，因此「今天的你」跟「昨天的你」就有些不同，可是對別人而言，他們可能覺得你就是你，二十年來都沒變。

「參考團體」也帶來歸屬感，讓我們認同自己成為某個人或環境的一部分，舉凡家人、朋友、同學、團隊、公司等，從中找到自我的定位，如同自問「我是誰」的時候，很多答案都是以此出發，正是因為在關係互動中找到安在的歸屬感。

然而這份歸屬感的需求，是不是也曾經困擾著我們？內心開始懷疑這個團體真的適合自己嗎？我能認同他們做的事嗎？

留下或離開，重新看見自己

記得我在大學時參加社團，一開始十分投入其中，大家經常「廢寢忘食」，甚至有人為此翹課，熬夜趕活動計劃，早已是家常便飯。

大家共同建立起革命情感，我也從中發展出對於社團的歸屬感，這種感覺令人著迷，尤其對於剛離家獨立生活的學生而言，社團成了取代家庭情感的重要團體。「社團活動難道比系上的課業重要嗎？」即便再喜愛，我也不禁對於如此熱衷的氛圍，感到一絲的疑惑。曾經問夥伴是否也有同樣的疑問，當時大家的答案似乎很一致：「社團活動重要啊！忙完這一次，再去趕功課吧！」幾次之後，我漸漸從有事請假，變成偶爾出現，最後淡出了社團活動。

我們不妨想想看自己是否也有類似的經驗，在一個團體中，是什麼原因讓自己投入？又是什麼原因，最後選擇離開？在留下與離開之間，內心一定有過一番掙扎，又是如何處理過程中的拉扯？然而，不論當時的決定是什麼，都帶著我們重新看見自己。

離開一個歸屬的團體，或是從一段關係中抽離，都會產生一定的衝突。那麼，我到底在乎什麼？

記得當時在離開社團時，面對有些夥伴的不諒解，認為是我背棄了大家，甚至因為不認同我的決定而感到失望不已。然而，當時最令人沮喪的，不是來自負面的聲浪，而是從此不再屬於那個曾經熱愛的社團，那種失去歸屬的失落感。

多年後，當大夥重新聚在一起，笑談當年的風風雨雨，大家聊著當時的我，看見我那股不為人知的倔強，不像平時談笑嘻哈的模樣。那次事件讓我發現所謂的革命情感，是在乎彼此共有的時光，因而懂得珍惜跟自己一起努力的朋友。

這也是我重返那段時光，透過自我對話，階段性的整理。留下或離開，帶我看見自己；再次相聚和回顧，讓我找到了自己。

01 找自己的小遊戲

「我是誰？」是一個相當有趣的小遊戲。我們平常可能不太會有這樣的時間、空間或狀態，頻頻詢問自己是誰，所以透過這樣的小活動，能夠幫自己看見自己。

步驟一：準備八到十張的便條紙，以及專注的心情

過程中，不需要花費太多時間思考，直覺式作答是最好的方式，直覺反應最能接近真實的想法。

一切準備就緒之後，開始問自己：「我是誰？」然後在一張便條紙上，寫下答案；緊接著又再問一次：「我是誰？」再寫下答案；連續問八次、十次：「我是誰？」每一次都是直覺、快速地寫下一個答案。

Q1：我是誰？ A1：______________________

Q2：我是誰？ A2：______________________

Q3：我是誰？ A3：______________________

Q4：我是誰？ A4：______________________

Q5：我是誰？ A5：______________________

Q6：我是誰？ A9：______________________

Q7：我是誰？ A7：______________________

Q8：我是誰？ A8：______________________

Q9：我是誰？ A9：______________________

Q10：我是誰？ A10：______________________

最後，你會得到至少八到十個答案。這個過程當中，你可能寫到第四個、第五個「我是誰」，就可能開始遲疑了，想不出還有什麼字詞可以形容自己。

此時，就會發現到，原來對自己的認識這麼少，當整個寫完了之後，我們就進入下一個步驟。

步驟二：捨棄自己，找到自己

寫完一輪之後，回頭檢視答案。

這些敘述都是你嗎？如果要割捨的話，你要去掉哪一個？然後逐一地捨棄之後，僅保留最後一個。在此過程之中，再次問自己：「我是用什麼樣的想法，除掉那一個個的自己？」

曾經跟我的一位好朋友玩這個小遊戲，透過這個過程讓她重新看見她自己。朋友是個「非常盡責」的媽媽跟家庭主婦，完整呈現在第一個步驟的回答裡，但是來到第二個步驟，開始拿掉自己的一個個角色時，第一個被拿掉的竟然是「媽媽」，最後留下來的，則是「自己的名字」。

她這才發現，生活裡的百分之九十幾乎都給了家庭，為此犧牲很多自己的生活……。在這個「找自己」的過程裡，她以為最不能拋捨的「媽媽」角色，突然間有了鬆動，迎來了一個改變的起點。

透過這樣一個小遊戲，跟自己對話，可以更加靠近自己，找到真實的自己。如果在人生的不同時期作答，也會發現自己的答案都不一樣，因而有不同的看見。

Chapter 2

變動時刻的內在追尋，聽見自己的心

「我也不知道自己怎麼了，脾氣就是忍不住了……。」、「為什麼我會說出傷人的話？」這些看見都曾讓我們陷入懊悔或是低落的情緒中，當我們以旁觀者的角度，從生活、人際、經驗、想像及轉變中，重新看見自己時，便能在不同階段和際遇中學習，找到安放自己的方式。

當我們接受自己本來的樣貌，就能夠自在地展現自我，進而接受每個人價值觀的不同，自然而然欣賞各種屬於自己的樣態。

1 獨處的必修課——從生活裡尋找自己

「這一生，陪伴你最久的人會是誰？」答案是自己。我們有很多時間都得跟自己獨處，但很多人都不知道該如何與自己相處。

「每次到新的場合都需自我介紹，都不知道要說什麼。」

在我們成長的路上，經常被教導要好好與他人相處，常常期望自己可以成為被喜愛和受歡迎的人，卻很少有人告訴我們：「好好和自己相處吧！」

明明在生活當中，有很多機會談到自己，像是：開學第一天的自我介紹、社交場合中發表個人意見等等。但是，如果要你用一句話形容自己，很多人又會陷入長思，發現不論是做自我介紹、談談價值觀，又或是分享想法，都不是件容易的事。

一個人待在家，就是獨處？

科技發達、資訊爆炸的現代，人與人之間的距離也越來越遙遠，尤其是在遇到新冠疫情的這兩年，獨處已經成為了每個人的必修課。

「這一生，陪伴你最久的人會是誰？」工作中的同事？婚姻中的伴侶？一起生活幾十年的家人？其實是自己，我們有很多時間都得跟自己獨處，但很多人不知道該如何與自己相處。

很多人以為獨處就是自己待在家裡，手上仍然滑著手機，便自認已經學會了「獨處」之道，但這只是在消磨時間而已。回想看看，在獨處的時候，是否會關注到自己的心情，還是感到孤單，不知道如何度過這一段時間？

「怎麼樣才算是獨處？」很多人不能理解「和自己對話」究竟是怎麼一回事，因為太過抽象。

事實上，不論是「和自己相處」或是「和自己對話」都不是形容只有自己一人的情況，獨處是一種狀態，也是一個過程，我們就是在這個過程中，學習更加瞭解自己。

網路上經常可以看到關於「在生活中尋找自己」的文章，教你要找到興趣、喜好，但「尋找自己」的概念也不僅僅是如此而已，而是經由曾經有過的經驗，或者透過生活中的人、事、物，更進一步去看見、發現自己。

「為什麼我會說出傷人的話？」透過回想自己當時的情境來回答。

「當時的我，為什麼會這麼想？」從旁觀者來反問自己。

在這樣一來一往的對話中，可能出現對事情的解釋、感受、判斷，或是下一次行動的方向。

每段關係，都有個故事

生活中會有一些可以談心的朋友，我們已經很習慣這些人事物的出現，也和他們之間有著許多的互動或連結模式。然而在平日裡，我們並不會特別注意到這些細節。

每天一早就擠著大眾交通工具上班，直到華燈初上，才拖著疲憊的身軀回家，接著洗去一身疲憊、把晚餐吃成了宵夜，即便躺在床上也要先滑滑手機，看看朋友們的訊息，才願意闔上眼睛，休息。然後，日復一日。

我們不曾認真去想當初是怎麼認識、建立起周遭的朋友圈？或是身邊工作夥伴的關係如何形成？為什麼有些人默默地淡出了我們的生活？有些人卻能陪著我們走過生命中的每一個階段？

我們也許會在房間、包包裡，珍藏某些物品，像是娃娃或是幸運符，如果有一天被問到：「為什麼這麼珍視這些小東西？」或許是因為對你來說很有意義，也或許是因為這些物品和某些人有一段特別的連結與回憶。

人與人之間的情誼也是如此，和一個人從「認識」到「熟識」，再到「相知相惜」，當中有一個「認」的過程，每段關係的開始，都會有一個故事。

比方說，一些離鄉背井的人特別眷戀家鄉菜，只要嚐上一口，家鄉的回憶就一湧而上，隨著味蕾的記憶延伸到心底深處，成為無盡的思念：兒時母親做飯的光景，和兒時玩伴的歡樂時光等等。

透過回憶開啟「和自己對話」的契機：「那個時候、那種情境之下的我，發生什麼事？跟那些人一起經歷了什麼？」

因為共同經歷一段同甘共苦的歲月，自此之後，彼此就變成好朋友，有些是當年求學時挑燈夜戰的同窗，有些是職場上患難與共的同事，隨著年紀漸長，開始有所體會，越加覺得身邊認識多年的老友是世上最珍貴的情誼。

隨著回想及整理過往的每段關係，幫助我們更加瞭解自己。

打開珍藏，閱讀自己

每個人的生命歷程中，所經歷的事物以及環境，都和外在世界產生一份連結，形成了與外界的互動和溝通，藉此走出自己的世界，也涵容於社會活動的運作之中。

在紛紛擾擾的世界，我們的選擇多少來自於自己潛藏對事物的觀點與價值，長久的累積而形成自我風格——有些人追求新穎，有些人喜歡質樸，有些人講究品味，有些人則把握現在，享樂當下。

當我們獨處的時刻，打開自己珍愛的收藏，似乎也打開了閱讀自己的通道。

為什麼對於某些東西，自己會特別珍藏呢？它的意義是什麼？自己又如何看待它？這部分就回到了「我」和「事物」之間的定位，進而讓我們探知自己的價值觀。

物件和自己的關聯，來自於曾經發生過的經歷，我們可能對這個物件或環境，有著特別的情感：「好像每次出去，戴上一條領巾或是飾品，就像是個人的識別標誌。」對別人而言，這樣的飾品可能只是身上的一個小配件，或許會猜想是幸運物，也或許是某種個人喜好。然而，只有當事人才知道配飾的真正意義，也許是真的特別喜歡，當然也可能是因為紀念，或者就像是大家所認為的幸運物。透過珍藏來閱讀自己，也看見生命歷程的豐富性。

一開始我們並不清楚這種和事物的連結感。好比人生第一次重大考試，很多人懵懵懂懂地依分數選擇就讀的大學科系，起初可能沒什麼興趣，但在時日的累積之下、在每一次知識經驗累積的過程當中，連結就越來越深了，直到有一次認同了這個科系時，它開始在生命當中產生了意義。

再舉個例子來說，我們常常有機會向人介紹自己，很多人自我介紹時，都自然以職業作為自己的代表，例如我是老師、我是工程師；有些人則以生活志趣來形容自己，例如花藝師、收藏家等，當我們認定自己屬於某一個類別時，也開啟了一個「覺察」

自己的機會。

想一想，我們是怎麼選定這樣的視角來看待自己？又是從何時開始接納自己的形象或角色？就是這個「覺察」過程及感受，幫助我們認識自己。

對話，讓自我開始轉動

我們喜歡一樣東西，這種「喜歡」的感受可能在一開始只是一份心情，幾次之後就變成了一個習慣，久而久之，就會發現這個東西居然會影響到我們的情緒時，這個「發現」就是所謂對生活的「覺察」。

例如隨身攜帶的護身符，它是奶奶在考試時送的禮物，希望可以帶來好運，從此以後，就一直把它戴在身上。

一開始可能只是因為是奶奶給的護身符，因此想要珍藏起來，後來小護身符一直陪伴著，帶來心情上的安定和力量，這時護身符已經成為我感知裡的一部分了。此時，護身符對我的意義，跟當時奶奶送給我的時候，已經不一樣了，因為我賦予護身符更深層的意義。

物件背後的意義，其實是我們自己加諸上去的，當別人贈送某樣東西給我們，或是我們拿到這個東西的當下，就會開始慢慢地將經驗、經歷加諸在它身上，經過一次、兩次、三次的陪伴，最終產出了屬於自己的東西。

所以珍藏的物品，會變成一個故事，在某個時候反而用來陪伴自己。就像是早年歌手阿妹在每次上台表演時，一定會帶著一支專屬的白色麥克風，這支白色麥克風就變成大家熟知的專屬象徵或符號，當這支麥克風遺失，影響的就不只是阿妹的心情，甚至連演出效果都會有所影響。

關於認識自己或是和自己對話，除了是一個「當下自己」和「過去自己」的對話過程，同時也隨著自己的成長，而對自己有著不同認識、自我瞭解，這會是變動性而不是固定的過程。

透過以往的經驗、現在發生的生活情境，以及對未來的期許，型塑出當下的自我對話。我們都在這個過程中不斷地轉動，所以「自己」不是固定的，「自我」是不斷在轉動的過程。

2 與人互動，但求真誠——從人際中發現自己

所有的人際關係就像是一面鏡子，透過別人才能認識真正的自己，明白別人如何看待我們。

「要想創造美好的人生，就要追求自我，忠於自己。」很多人年少時用這句話來為自己的行為辯解，往往也會被潑一盆冷水，反問：「那你知道自己在做什麼嗎？」「如果你懂我的話，你就不會這樣說了！」可見被別人瞭解是件重要的事。

在生活中也常常聽到這樣一句話：「他不懂我。」想要別人理解，首先要先理解

自己，或許會意外發現自己到底是什麼樣的人，在別人的眼裡又是什麼樣子。

分享日常，展現自我

「我的個性就是這樣，有時候，我也搞不懂自己！」

你是否曾困惑到底別人是怎麼看待我們？為什麼別人對我的期待或看我的方式，都不是我想要的？人一旦陷入自我否定的情境裡，隨即而來的不只是挫折、沮喪的情緒，甚至開始懷疑人生……。

在你的世界裡，一定有某些事只想讓某些人知道，人和人的親疏遠近就是在這些「知與不知」之間畫出一條條錯綜複雜的分隔線。而我們在線圈裡安放自己，展現不同的自我，當我們對自己更加瞭解時，除了能適時表達自己，同時也能和別人好好相處，相對地更能掌握生活裡的人際關係。

面對不同的人，因為熟悉度不同，對其的「開放度」不一樣，所展現出來的「我」也會不一樣。

我們很常希望自己熟識的伴侶、家人、朋友可以瞭解自己，想要讓別人瞭解我們，就得適度「自我表露」，主動讓別人認識你是誰，你的想法、態度、感受，或分享曾經的經驗。

當我們瞭解自己後，就能放心地在交友圈中分享自己的心情、愛好、興趣，以及情感等等，歌手伍思凱〈分享〉有句歌詞：「與你分享的快樂，勝過獨自擁有。」說明了能經由分享日常，讓自己被大家瞭解也是一種生活的快樂，能夠適時自在地分享自己，不用隱藏或者偽裝，大家對我們的認識、看法、感受也就越加一致。

因此，在面對好友、同事，或是不同群體的人時，不需要擔心該如何呈現自己，而是以開放的態度讓周遭人對自己有一定的認識，那麼我們能夠處於自在的範圍就可能更大，面對很多狀況，不用再隱藏，更加怡然自得。

就算不完美，也沒關係

舉例來說，房間可能是生活最隱私的部分，房間樣貌似乎傳達了某部分不須言說的自己。

因此，我們平常並不會隨意讓人進入自己的房間，除非是非常親近的朋友，同意讓某些人參觀自己的房間，某部分傳達的訊息是信任、零距離感。

對公眾人物而言，要考量形象的塑造，對於私下的生活空間，得更加小心保護自己的隱私，這種需求不單單是公眾人物，就連市井小民的我們，也會有同樣的心情。

但有些公眾人物則選擇不刻意隱藏這部分的自己，看見一位女神般的公眾人物，就會想像她的房間應該會是整潔明亮、粉色系的牆面、精緻有質感的家居裝飾，沒想到公開了個人臥房之後，以上幻想瞬間破滅，女神的房間其實堆滿了衣物，連落地的空間都沒有，還有一顆沾滿污漬的枕頭，震驚了許多網友，也引來了不同的評價。

「哇！沒想到女神也跟我一樣！」、「有夠接地氣！」、「就連她都這樣，那我的又算什麼！」讓網友產生另類共鳴，就會發現到原來真實不完美的自己也會被人所接納，可以不用刻意營造所謂的完美形象。

當一個人可以這麼坦然公開自己相關事物或是經驗時，無形中就會拉近彼此之間的距離感，會讓有相似經歷的人感到親切與熟悉，好像可以更靠近，互動也就比較容易親近。

以友為鏡，重新定位自己

有沒有遇過一種朋友，明明認識了很長一段時間，卻對他的故事、過往，甚至是生活都所知有限？

很多人會選擇維護自己的隱私，不想被打擾到日常生活，希望有一個可以讓自己感到自在的個人空間，不用費心去面對許多不能掌握的訊息。然而，保有了隱私之後，也會壓縮人際間的互動，認識再久還是會讓周遭的人感受到一種距離感。

很多人可能認為，自我覺察是認識自己、瞭解自己的內在消化過程，但真正的自我覺察除了瞭解自己，還需要知道別人眼中的我們是什麼樣子。

所有的人際關係就像是一面鏡子，透過他們才能認識真正的自己，明白他們是如何看待我們。

從這樣的面向來看，當我認識自己，知道自己的喜好、興趣，甚至所謂的價值觀、抗壓性或安全感；當我對自己更多的瞭解時，是不是越有選擇性，能夠對於自我界限的開放度有更清楚的選擇，也越能自在做自己？

透過和別人的互動及回饋來瞭解自己，對我們來講，好比是在人海中尋找自我的定位。在這個過程中，瞭解如何塑造自己，也清楚自己想要在別人眼中是什麼樣子，或是未來會變成什麼樣的人。

在人際互動中檢視自己，透過與自己的對話與探索，往「更想要成為的自己」邁進。

3 閃耀光芒的生命厚度——從經驗塑造自己

第一台機車、第一份薪水、第一次自助旅行，還有讓自己痛徹心扉的失戀，和曾經熱血綻放的堅持……。這些過去的故事都是我們經歷過的深刻經驗。

「人不輕狂枉少年。」年輕的時候憑藉著一股衝勁，用力燃燒熱情，在生活與工作，甚至在交友上，多方面的嘗試、摸索和體驗。

正因為擁有這樣的體驗，讓我們得以從經驗中慢慢瞭解自己真正喜歡的東西，對自己的深入認識，需要經過「歲月」的淬鍊和沉澱，才能展現屬於自己的生命厚度。

那些年，我們的故事……

年輕時，在學校習得的知識與概念，進入社會後，開始有機會在生活裡驗證，同時因為生活裡有越來越多可以自主的空間，便形成了個別化，逐漸在生活裡塑造個人的興趣、價值，以及個性的展現、行事的風格。當然，也包括人和人之間的互動模式。

第一組化妝品、第一台機車、第一份薪水、第一次自助旅行、那個讓自己痛徹心扉的失戀、曾經熱血綻放的堅持……，這些過去的故事，都是我們經歷過的深刻經驗。如果讓這些經驗在我們的生命裡單純路過，那麼生活就只是事件的堆疊，過往的傷口依然隱隱作痛，而曾有的光彩卻可能早已褪色。

如果可以，當你慢慢學會回頭整理那些歷程，體會當中所帶來的感受，進而瞭解這些經驗對自己所帶來的轉化，當時來不及完成的事、說不出口的話，或者不想面對的人事物，如今再次檢視，能重新給出新的詮釋，豐厚了我們的生命。

在探索自己的過程裡，和過去的自己對話，在經驗中塑造自己，這也就是我們在講「我」的內涵，它不是一個線性的狀態，而是一個整體性、多面向的綜合。從過往的事件中整理自己，而這樣的經驗，在某些情況下，還可以移轉到各種不同的情境中。

舉個例子，在求學的階段，大家多少都有臨時抱佛腳的經驗吧！遇到考試才會趕緊唸書，一邊唸書，一邊後悔之前沒有好好複習，焦慮與懊悔的心情凌遲著正在準備考試的信念。

「這次考試之後，我一定要好好複習功課，不要再臨時抱佛腳！」然而，這些約定往往也隨著考試的結束而煙消雲散，直到下一次考試前，這種拉扯的焦慮又開始湧現，再次悔不當初。某一次的痛定思痛後，開始改變了自己的唸書習慣，終於在面對考試時，不再有那麼大的焦慮與懊悔的壓力，課業成績也逐漸有了起色。

於是，這段經驗裡，有對考試的情緒反應、有對唸書模式的反省、有開始行動的掙扎與突破，還有希望自己能夠考出好成績的期許。像這樣把一個看似平常的經驗，深入探究當中更細微的自己，看見當時潛藏的訊息與內心的聲音，還有承受壓力的韌力，以及反轉逆境的潛力。

就這樣，在整理自我的那一刻，同時用第一視角見證了過往的自己，而看見自己突破的價值。

不斷堆疊的經驗，豐厚人生

我們有時候會說：「他經歷過生命的歷練，所以不論遇到什麼樣的大風大浪，相信都有能力可以應對。」當生命的經歷增加之後，我們就用這些累積的經驗來豐厚自己，去因應目前遇到的困難或變化。

人生的一些經驗是可以移轉應用的，當我們靜下心來將過去的經驗做一個整理，這個過程就是在幫助自己認識每一個生命的轉折、自己的價值、抉擇模式，或者壓力的涵容，人生歷練就成為探索自我的指引，也就是所謂的「用經驗塑造自己」。

經驗可以陪伴自己，也可以分享。當你和別人分享你的經驗或想法時，得到的回饋是人與人之間的知識與情感的交流，同時，也增加別人對你的瞭解，減少了人際間的疏離而創造了親近的友誼。人際關係的改善增加了我們對自己的信心，以及得到一份支持，讓生活更活躍，更有動力。

當然，自己的某些經歷、想法或者感受，並不適合透露給別人知道，你會選擇放在心裡面，屬於自己的世界，適合在獨處的時候，試著用對話的方式來感受深層的自我。

我們與朋友相約在咖啡廳裡閒聊，不管是陳年往事、豐功偉業，或是不久前剛經歷的一段旅行，聊著聊著話匣子就打開了。當話語之間總是提到「以前、曾經」時，代表那件事情雖然已經過去了，可是它依然對你產生影響，這個影響可能帶來一種與事件發生的當下，不一樣的全新體會與感受。

例如，當年那一段談得轟轟烈烈、義無反顧的感情，過幾年再回頭去看，成為和朋友談笑的話題：「真不知道我當時看上他哪一點？」然而，對當時的你來說，走出這段感情的傷痛是很痛苦磨人的過程。也許在幾年前這段感情造成的傷痛還沒有痊癒，但在自我對話的沉澱之後，才能敞開心房，對信任的友人娓娓道出當時心中的百轉千迴。

此外，當再次碰觸喪親、悲傷的失落經驗，或是某一個人生當中的創傷經驗時，也會有類似的體會，已經走過的，會成為生命的底蘊，展現韌力。

看見傷痛，珍惜獨一無二的經驗

在經歷創傷時刻，我們通常會把事情、感受放在內心，此時的生命故事只有我們自己才知道，別人無從得知，尤其在面對這類的失落時，容易故作堅強，不去談自我的感受、看法，也不願去聽別人對這件事情的見解，只想待在自己的世界裡。

等到認為自己可以從傷痛中走出來時，才會一點一點跟信任、親近的人說，聽聽他人的反應，再回到自己的窩裡舔拭尚未完全癒合的傷口。直到自己準備好之後，再試著談更多自己的狀態。慢慢地發現，大家對這件事的反應有著不同的觀點或評價，可能是鼓勵，也或許是輕描淡寫回應，抑或是表達共鳴。

也許會有人跟你說：「可以體會你的心情，因為這是大家都有的經歷。」沒錯，誰沒有失落的經驗呢？誰沒有體會過挫折？誰不會經歷考試失利的沮喪及自責？任誰都有跌倒過，但即便如此，那個經驗對自己而言，仍然是獨一無二的，我們不必抹煞自己的感受和經歷。

當我們能從中找到一個支撐的力量時，自我的開放度就出來了，甚至偶爾談起，還會開玩笑或是自嘲：「那時候怎麼這麼笨？」或是：「如果可以回到當初，我一定不會怎麼樣……。」就像很多人感嘆虛擲人生，若青春可以再來一次的話，也許就不會選擇荒度歲月，而懂得為人生負責的道理。

4 欣賞美的各種樣態——從想像中相信自己

人總是會在某些時候，對自己的生活和未來充滿想像，想像自己能很快地重新站起來，希望別人說到自己時，描述的形象是堅強不落魄。

想像，或許是在陪伴自己時，一個很重要的方式。

「在海上的日子很苦啊！」曾經照顧一名當過遠洋船員的病人，因為薪資比工地還高，所以選擇離家出海討生活。

海上茫茫，離開妻小，讓他的心經常是孤寂的，要怎麼撐過來呢？

「我想像老婆孩子因為我的打拚，有了安穩的生活，想像退休後和家人團聚的生活……。」

想像未來，帶來期待的力量

人總是會在某些時候，對自己的生活和未來充滿想像，雖然不是那麼真實，卻是對自己的期許。

不只在生活上，有時也是面對某種挫折或失落時，想像自己能很快地重新站起來，希望別人說到自己時，描述的形象是堅強不落魄。但實際上，當下能意識到自我內心還是很空虛，只是期待可以展現出那樣的自己。

成長過程中，有許多行為都是模仿而來，例如女孩子從小就會開始模仿媽媽的穿著打扮，從穿著不合腳的高跟鞋、塗著誇張的口紅，即使大家都在笑，但小女孩依然覺得自己很美，這是因為她在一個想像的美好裡，想像自己已然亭亭玉立。

這時候小女孩沒有看到自己，而是看到她心裡面「像媽媽的樣子」——因為媽媽穿起來很漂亮，所以我穿起來也會跟媽媽一樣漂亮。等到小女孩漸漸懂事之後，她不會穿著不合腳的高跟鞋跑出去，因為她學會了適合的方式來裝扮自己。

也許有人會想，那麼在面對生活卡關或者失落時，是不是也可以透過「想像堅強」來讓自己好過些？

畢竟，在心情低落、受傷或受挫時，最容易把自己的心關起來，不想被打擾。也許，這個時候要問問自己這個「想像」的意義是什麼？是暫時的逃避？還是期許自己可以重新振作起來？

被夢想引領，展現自我

認識過往的自己很重要，但朝向未來也同樣具有創造自我的意義。

理想需要堅持，每個人都有自己的價值信念，然而需要思考這些價值信念對自己的意義是什麼？又為什麼要一直抓著這樣的信念？比如說，很多人追求的「完美」，可能包含很多意義，像是外表、成績、事業表現、婚姻家庭，或是希望自己晉升人生勝利組，每一項都展現出最好的成果，但這個意義怎麼來的？為什麼有些光鮮亮麗的人，等到有一天卸下了面具之後，會讓人感到無比心疼？當他們掀開面具之後，可能會說：「我其實不快樂，只是沒有勇氣去面對自己的不完美。」

就像大自然裡的一座山，當你走進山裡時，你也變成大自然的一部分，融合在天地之間。你會發現在大自然裡，小草有小草的堅韌，大樹有大樹的壯麗，而枯木也有屬於它的姿態，用它們本來的樣貌，型塑成自然的山水，沒有所謂的完美或不完美。

當我們接受自己本來的樣貌，就能夠自在地展現自我，進而接受每個人價值觀的不同，自然而然欣賞各種美的樣態。

就像欣賞一幅畫，有人說：「山的顏色不夠漂亮，沒有青草，也沒有綠地。」我卻會說：「你看它白雪皚皚，這就是美。」

同樣地，人生風景，四季更迭，我們可以選擇接受別人不同的觀點，並自在地展現自己，不需要委屈自己長成別人的樣子。

我們會隨著人生階段的變化，調整必須要轉變的自己，就像我在生活中所展現出來的模樣，跟我在職場上所展現的模樣，可能是不同的樣貌，我只是調整適應生活，並不會因此影響屬於自己的信念價值。

調整期待，也是照顧自己的方式

調整自己的期待，其實也是一種對自己的照顧。面對未來，雖然有理想，有盼望，也有堅持。

然而，某些時候卻又不能讓自己過於執著。我們每個人都在眾多價值信念當中，發展出個性及風格，有些人對價值信念看得很重，甚至讓自己只剩下堅持，而失去了為何想要如此認同這種價值信念的意義。

記得曾經遇到一名大學生，他最親近的母親因重病即將往生，照理說遇到這麼傷慟的事件，應該會有很多情緒表現，他卻非常沉穩，情緒幾乎沒有什麼起伏。後來才知道原來他在更小的時候，經歷過爸爸離世，當時他就告訴自己：「我不會再哭了，堅強就是我給自己的任務。」

所以，當他在生命的洪流中，就算遇到挫折、孤單，甚至是傷慟的時刻，都是用一種堅強的態度來面對。

「堅強」陪著他走過各種人生的歷練，但是，在這個「堅強」裡面，學到的是什麼？他其實可以選擇在什麼時刻，調整這個信念；同時也可以選擇，什麼狀態的自己，可以繼續保有這樣一個信念。

然而，等到媽媽離世的時候，他突然發現原來一直握在手裡的「堅強」，有一部分是為了媽媽而堅持，當媽媽離開了，這個「堅強」也跟著被帶走了。

讓他一直堅持的背後意義被看見之後，他的情緒跟著潰堤了。此時的哭泣不是脆弱，反而是對這一路走來的堅強更有體會——體會到了從小到大用「不哭」、「勇敢」來展現自己，只是為了讓媽媽不要替他擔心、煩惱，希望成為媽媽的依靠。

這時，他才開始看見原來自己做了這麼多，也為媽媽做了這麼多的事情。從小在心中告訴自己不要哭，要勇敢，當「堅強」的保護罩隨著媽媽的離開而消失，他如釋重負地說：「二十年來，這是我第一次流眼淚。」

這滴眼淚可說非常珍貴，因為他釋放了自己，這樣的轉變，也讓他重新找到照顧自己的方式。

5 流動的信念——從調整轉換中尋找自己

當我們開始接受生命中的缺陷，珍惜生活中的淬鍊，發現它也可以是一種美。

在我們隨著年紀、歷練、經歷的增長與累積之下，更能有所體會。

個人的價值信念並非一成不變，隨著人生事件發生的當下，自然而然迎來調整或轉換契機。

就像是在〈4欣賞美的各種樣態——從想像中相信自己〉文中的大學生（頁八十八—八十九），自從母親離世後，他不再把「堅強」當作一成不變的信念，而是用另一種態度面對往後的人生，可以是「感恩」、「溫暖」，也可以是「愛」。

為自己負責，對他人包容

那麼，我們該如何透過價值信念的調整，重新認識自己呢？

譬如說，父母、老師都會教導要學會為自己負責，而我們對「負責」的期待是把功課做好、考上理想學校、找到合適的工作，不讓父母操心。就這樣，我們可能都是用所謂「負責」的態度來面對生活事物。

直到年歲漸長，肩上需要承擔的責任越來越重，此時「負責」開始有了不一樣的轉換，這才開始發現除了負責和責任之外，同時還要學會「包容」。

原本的價值信念是「每個人都要為自己的行為負責」，就像把自己管理好，不造成他人的損失或困擾，到了後來才發現，有些人並不是故意不為自己負責，而是可能有不可承受之重，面對生命經歷或價值觀與自己不同的人，能否給予一份更多理解與包容？

隨著人生階段的演變，看見不同人間百態，原本的價值信念也有了轉變——在負責裡多加了一份寬容。此刻，自己的內在便開始有了不同的質變。

這是一個未知的自己，是一個還沒有機會被認識的自己，但是透過事件發生後的探索，就能慢慢瞭解自己想要珍惜的東西、需要學習的課題，以及拓展出來的新面貌。

各個階段，盡展生命之美

所以要如何展現自己？我們常說二十歲的人什麼都不懂，還是天真浪漫的模樣，人生還有無限可能；可是到了三十歲，人生歷練多了，離開校園，開始在社會打滾，成為充滿抱負的年輕人，願意賣力工作到三更半夜；等到四、五十歲時，當年的衝鋒陷陣、遠大理想漸漸緩下來了，展現出更為沉穩的姿態。

隨著年歲漸長，我們對生活的一切事物已經不再是歡笑、喧囂就能滿足，而是圓融穩健、通情達理，才是展現自我，並受到他人欣賞的關鍵。

依著年紀的不同，每個階段呈現出的樣貌，也會有所不同。你看到年輕人舉辦的Party，以熱鬧、喧囂、好玩為目的；老年人的同學會則是靜靜地品茗、低調地寒暄為主。

大家是否都經歷過同學會？剛畢業的第一年相聚，異常歡鬧，話題裡盡是什麼時候要結婚？生小孩？工作如何？薪水怎麼樣？十年、二十年、三十年後的同學會，就變得不太一樣了，有人因為家庭、工作因素無法出席；當時間再拉長，有人已經開始在清點同學還剩幾個，人生軌道邁向不同階段，感嘆著從前大家都是發紅帖，到後來收白帖的唏噓。

當我們開始接受生命中的缺陷，珍惜生活中的淬鍊，發現它也可以是一種美。在我們隨著年紀、歷練、經歷的增長與累積之下，更能有所體會。

心境轉換的過程並不容易，很多時候難免感到孤獨，就算是看似一路順遂的那些人，我們不知道的是，他們背後也許承受著不為人知的辛苦。

就像我們常常聽到那些大明星分享成名過程，就知道成名背後，得吃多少的苦、忍受沒有掌聲的絕望，只為了抓住一絲成名的機會。

五月天有一首歌叫〈成名在望〉，這首歌把他們成團的過程寫在歌裡，看著歌詞：「那一年的舞台沒掌聲、沒聚光，只有盆地邊緣，不認輸的倔強，排練室的日夜在爭論、在激盪，以音量去吞噬，無退路的徬徨……。」即便不是他們的歌迷，大概都可以聽得到一個天團的產生與成功，當中也是經過了許多關卡，才走到今天。

6 建立修復的韌力——在際遇中安放自己

我們要做的，就是給自己一個選擇的機會，讓改變發生。即便改變的只是一個想法，或者是面對事情的態度。

「吾十有五志於學，三十而立，四十而不惑，五十而知天命，六十而耳順，七十從心所欲。」每個人在不同的階段都會對「追尋自我」這件事有所體認。

這一路走來跌跌撞撞，周遭人事來來去去，在人海中浮浮沉沉，我們又如何安適自在？

坊間有很多關於身心靈的課程和體驗，當中不乏各行各業的菁英，以及所謂的人生勝利組。可見不論事業的成功與否、婚姻家庭是否幸福圓滿，對自我的追尋和內在的和諧平穩，在不同的人生成就，都有同樣的需求。

我們是否長成自己喜歡的樣子？

人生在每一個階段，怎麼樣去安放自己？人是生活在情境當中，我們說天時、地利、人和，因此，在人、事、時、地、物的相互影響下，有沒有機緣孕育出自己想要成為的樣貌？

我們用一個轉動的概念期待追求理想中的「我」，學會陪伴自己，適度地找到安放自己的方式，所以才會用「跟自己作伴」作為本書的書名與主軸。

在每一個重要階段，適度用自我瞭解、整理、期待來加以定位自己，然後在這個定位過程中，協助面對過去的挫折、目前面臨的困難與挑戰，以及對未來的迷茫，讓自己變得更好，更貼近心中期待的「自己」。

人生不如意十之八九，往「期待中的我」前進路上，總會遇到阻礙的時候，有些人事業成功，家庭卻失和樂；有些人愛情得意，但職場失利。

我們都曾經寫過一封信——「給未來的自己」，信中期待著自己在三十歲、四十歲、五十歲的年紀，要有什麼樣的面貌，達到什麼樣的成就，然而人生不可能如此順遂無礙，當面對著不上不下的人生時，心裡的「悶」又該如何是好？

所以，我們在追求自我的同時，也同樣在找尋自我的定位。到了某個人生階段，再回頭看過去的路，便會感嘆一句：「我當年把人生想得太簡單了！」再語重心長地和晚輩說：「人生啊，能夠安穩自在就好了。」不要堅持成為什麼有名的人，或是一定要達到如何的功成名就。

選擇，我們擁有的最強大力量

還記得以前寫的「我的志願」嗎？你現在走在這條路上了嗎？

有些人從小就很清楚自己的志向，儘管有一些小小的障礙，但一路上也走得相當順遂。

不過，大多數的我們並不是那麼地幸運，當沒有達到自己設定的目標時，先別急著讓失落的情緒否定自己，因為這剛好是一個很好的機會，用期待及結果之間的落差，來和自己對話。

這時候的你，已經開始在為自己做另外一個面向的功課了，這就是所謂的「自我探索」，以及「和自己對話」。

從中，可以發現自己面對挫折的反應，以及對於承擔壓力的能力，還有如何找到出口，而不至於一直陷落在人生的谷底；又或者是如何給自己一個「選擇」，決定要再接再厲，或是另起爐灶，東山再起。

誰都不願意有失意的時候，沒有人想要停留在一蹶不振的狀態，但也可以換個方向思考，我們或許不能改變事情的結果，但可以改變面對結果的態度。

「選擇」是我們所能擁有最強大的力量，只是經常被我們遺忘。很多人會說，就是沒得選，才會變成今天這個樣子！可是，如果我們看到這一路以來，自己是怎麼用盡全力來逃避改變，怎麼扛著陷在痛苦裡的壓力，或許會很驚訝地發現隱藏在其中的能量。而我們要做的，就是給自己一個選擇的機會，讓改變發生。

即便改變的只是一個想法，或者是面對事情的態度。

從來不是沒有選擇，而是學習承擔

在自我對話的過程中，除了選擇，還有另外一個課題——取捨與承擔。這裡先分享一個故事：

阿肯是位剛從學校畢業的社會新鮮人，和大多數上班族一樣，每天朝九晚五的日子是他的生活寫照。

求學階段，他活躍於社團活動，和一群志同道合的夥伴揮灑青春，生活充滿活力及創意，精進專業能力反而不在他的人生規劃中，不曾想過生活的責任，也不去思考自己的未來……。

直到進入職場，在各種規範及手上業務的壓力下，阿肯終於面對現實收起玩心，認真思考：「這樣的工作、這樣的生活，是我想要的嗎？該當成是踏入社會的磨練而接受它，還是及早轉換跑道，重新開始？」

阿肯一方面希望能有童話故事裡的魔鏡，聽聽別人的建議；另一方面，過去那個享受冒險的靈魂，也在心中蠢蠢欲動……。

對阿肯而言，認真安份工作是一個選擇，要承擔的是去適應一個不同於過去放浪不羈的生活模式。然而，轉換跑道也是一種可能，讓自己的夢想有實現的機會，但要承擔未知的風險。

孰優孰劣，看的不只是結果，還有當中每一個向前的抉擇和腳步。請記得，我們從來不是沒有選擇，而是要瞭解選擇之後，所必須承擔的後果。

走出迷霧，開創自我

我自己在就讀研究所時，論文進度曾一度面臨嚴重停滯，一方面是自己有著初生之犢的無畏，執意選擇當時冷僻的研究主題，所以不論是資料的收集、樣本的調查都很艱辛；另一方面，對於指導教授的指導方式又難以適應，說是理想高過現實也不為過。

總之，眼看著與當初唸研究所的期待越來越遠時，熱情也跟著消退。當時面臨一個抉擇：「要繼續走下去？還是放棄兩年來的努力，重新開始不一樣的未來？」

如果選擇放棄，那我付出的代價將是過去兩年來所投入的時間與心力，以及在未來回想起屬於生命中這一段「未完成的失敗感與逃避的遺憾及羞愧」，它可能會如針扎般刺痛著原本年輕的美好回憶。

倘若繼續走下去，那我又將用什麼樣的自己來證明？又如何給出一份自我承諾？這將是一個沉重的選擇。

於是，我並沒有直接休學，而是讓自己接受不同的可能性。

後來，在因緣際會下，看到一個國外針對專業人員的招募資訊，於是，我用一年的時間，一邊提出申請，準備相關考試，等候一關一關的申請資格審查；同時，繼續完成論文。正所謂「當一天和尚敲一天鐘」，我不只是為了拿到學位，也是為了讓自己在等待過程中持續學習，不管進度如何。

就這樣維持了一段雙邊同時進行的時間，最後，在我收到國外機構的錄取通知時，幾乎是同時也完成了論文的口試！論文最後進度也勢如破竹地順利完成，雖然在口試時，仍然和指導教授有著互動上的隔閡，這是唯一的遺憾。

口試結束後，老師親自下廚準備了一桌佳餚，祝賀我完成論文，也算是師生間的和解吧！

二十五歲的我，用年輕下的賭注，沒有後悔！而這一個選擇所呈現的人生，也對我往後的生命經驗，有著極大的影響。

這段回憶是我個人生命的轉折，透過自我對話突破了當下迷霧，勇敢做出了選擇，也承擔了後面的結果。

「年輕就是本錢。」如果是二十多歲，在面對生涯的抉擇，還有餘力可以改變方向，也可以選擇在同一個領域更加努力，甚至是先休息一下，調整腳步再重新開始。

然而，「本錢」所代表的是在選擇的同時，承擔過去累積能量的衝刺或者耗損，每一個選擇也都存在著未知的風險。倘若把年輕當成可以不必承擔或者逃避，那就有些誤解了。

7 我輩中年，同在的幸福——在時代中活出自己

隨著網路與科技的進步，造就多元價值觀的呈現，也豐富了生活的選擇性。人們的視野不再侷限於自己成長的環境，也不再受困於父母輩的價值觀念。

走過了轟轟烈烈的青春年少，到了中年的階段還是不得閒，日子過得十分忙碌。忙家庭、忙工作、忙健康、忙照顧年邁的父母，也忙著經營生活裡的人際往來，沒有辦法停下來。

談專業、談工作，大致不成問題，但是要回頭談談自己，還真有種力不從心的感覺。當我們行至中年，有些人因生命歷練的豐富，以及心思性情的成熟，慢慢開始接

觸了自己的「心」。

內斂沉潛的靜默，安放自己的心

探索自己的過程，不同於面對外在的世界，它不是靠闖蕩，而是需要一種內斂沉潛的靜默，進入內在世界的探索，反倒讓人有種看見寶藏似的喜悅。

除了和當下的自己對話，有時也可以試著回顧人生，雖說人生沒有十全十美，然而數算過去的種種時，各種情緒也都會跟著湧現，或滿足、或失意、或喜悅、或悲傷，在曲曲折折的生命旅途上，除了那些點綴著的閃亮時刻外，也多少會出現一種高不成低不就的感慨，偶爾還會竄出了一股「人生所謂何來的空虛」，以及無意義之感。

於是，就在這麼一輪又一輪的鋪陳裡，安放自己的心，享受不那麼耀眼璀璨的意氣風發，有時平平穩穩的日子，反倒更能帶來春風般的愜意。

我覺得那些可以停下來「找自己」的人，是幸福的，不管是透過一些進修的課程督促自己、檢視自己，或是透過跟朋友的互動去看見自己。尤其到了中年階段，來往的人大部分都是所謂的「志同道合」，會跟自己聚在一起的，大概也就是志趣相投的這一群人了。

回顧人生，理解一個時代

談到對自己的認識，恐怕和每個人在成長過程中，根深蒂固的價值觀有很緊密的連結，不光是來自於家庭，每個世代也都會有屬於他們那個年代社會背景下產生的價值，而人就在當中，被塑造也被影響著。

小時候，父母都喜歡談論他們成長的那一個時代，當時聽得都有些煩了，現在想來卻也十分有趣。在民國三〇、四〇年代，雖然物質生活不是特別豐富，可是他們的價值觀念卻是相當堅韌——誠懇、負責、打拚、端正，都是那一代人的集體認知，生活要勤奮、要節儉，刻苦耐勞就是他們的寫照。

「我們都是這樣過日子。」雖然物質生活沒有過得很好，可是他們也安居樂業，有一種同在的幸福，一樣的艱苦，也聽一樣的歌曲，對未來有著同樣的夢。

誰說唸書一定強？價值觀念的轉變

到了我們這一代叫做六、七年級，心就有些浮動，不是那麼容易找到定位。

小時候，老師教的「士者國之寶，儒為席上珍」，在我們這個年代已經有一些人動搖了，走了不同的路，現在也過得很好，讓人羨慕。創業的風潮，加上創意及理想，衝擊著舊有的思維，誰說唸書一定強？

到了九〇年代，這群孩子從來到這世界起，生活裡充滿著3C產品，他們的成長經驗，已經完全不同於我們以及更之前的年代了。在這個多元價值的年代，唸書已經不再等於成功，讀書跟未來的成就、幸福沒辦法再劃上等號了，他們的世界裡不以單一的目標為自己的價值觀。

「價值多元」的社會環境下，他們有著更多的冒險，也更能跳脫傳統的思維，用突破及創新來展現自己的存在感。

在價值多元的社會中，要怎麼追尋自己？時代給予他們豐沛的資訊，造就了多元的視角，也帶動了他們的冒險精神，勇於嘗試，加上生活環境提升、物質條件、資源豐富，人生的選擇也就不同了。

現在這個年代，有更多學習管道，很多人在學生時期就申請了國外的交換學生，或者在學校畢業後，以打工留學的形式，累積不同的生活體驗。

我一直覺得可以在年輕的時候，多多接觸不同的文化、感受不同的價值觀、培養國際觀，對於評論事情的視角，就可以有更多翻轉性的假設及觀點，對接下來的生涯可以有很正向的影響。

活出自我，現代生活的顯學

大家都熟悉一句很有古早味的問候語：「呷飽沒？」在阿公阿嬤的那個年代，生活型態是日出而作，日落而息，跟著每日晨昏規律的作息，到了現代，生活方式更加多元化，日常節奏也有很大的轉變，尤其是年輕人，三餐不一定要照時間吃，聚餐時來個早午餐，也可以在晚餐時段吃蛋餅，或所謂的「輕食」，還為了減重而選擇生酮飲食、168 間歇性斷食，或是強調不吃米飯、澱粉等等。

飲食本身即帶有各種不同的需求與解讀，吃飯不再只求溫飽，但是若要老一輩人整天不吃米飯，他會告訴你：「我沒有吃到米飯，感覺就是沒吃飯（正餐）。」

隨著網路與科技的進步，造就多元價值觀，也豐富了生活的選擇性，人們的視野不再侷限於自己成長的環境，或傳承父母輩的文化價值觀念。

另一方面，在這個過程中，面對多樣的選擇及價值，可能造成做某些選擇時感到迷惘，這時候就會發現有些人在抉擇時會深思熟慮，有些則猶疑不決，甚至裹足不前。

以前我們常說「謀定而後動」，但現在年輕人卻容易在渾沌不明之際，還是相當有主見，他們敢要自己想要的東西，也勇於表達，雖然面對著多元的選項，但對喜好及自我表現更加不設限，正因為如此的成長環境，塑造出他們勇於展現想法跟表達需求，這似乎也是目前生活的顯學——活出自己！

8 躍出代溝，世代衝突的再看見

對中年世代這個族群來說，他們堅守多年自己所信奉的價值觀，也開始出現了反思。以前堅守的信念真的合適嗎？現在是不是要重新接受不同的觀念、重新調整看待事情的角度？

現在的社會環境紛雜，想要的太多、選項也很多，壓力也跟著變大，把自己卡得緊緊的。

有一種人的生活彷彿是被貓咪玩過的毛線球——一團亂，找不到生活重心只是瞎忙；另一種人只求一時歡樂來填補空虛或滿足好奇心，卻衝過了頭，不知如何收拾善後，乾脆擺爛；還有一種人就像是規劃表，努力地吸取新的資訊，但資訊這麼多，每一個都想學，自我要求高，把生活弄得很緊湊，卻少了給自己的空間。

「座右銘」世代，為自己留一點旋身空間

年輕世代所展現的活力、生命力，使得他們經常會在社群媒體上嶄露自己，毫無畏懼地發揮和表達自己。

然而在展現自己的過程中，還是會面臨想追求的事物和所處情境、社會脈絡之間的衡量。在做選擇的當下，因為資訊的豐富，不同的觀點，你可以選擇認同、也可以不認同，重點是你真正想要的是什麼？

過去的年代，非主流的價值比較不容易獲得支持，如今什麼都是多元，兩性平權是多元的，婚姻、家庭、文化都是多元的。

以前可能有什麼主流文化跟次文化間的強弱消長，現在則沒有什麼主流文化、次文化之分。我們學習到，即便是少數的聲音，也都應該被重視。所以在認同與不認同之中，我們心中想要的選擇是什麼？對於他人提出的論點，我們的解讀及回應又是什麼？

小時候都寫過「座右銘」，比如「千里之行，始於足下」、「不以善小而不為，不以惡小而為之」，或「己所不欲，勿施於人」等信手捻來的名言佳句，這幾年長輩們會在LINE的群組裡傳一些早安圖、問候語，譬如：「運氣裡藏著努力，脾氣裡藏著修養」、「知足上進的人，來日方長」、「善良必須保持理智，懂得明辨真偽」等。

當你看到某些字句，會有一點點觸動到內心，覺得好像有那麼一點道理，但也不會再細想，隨手滑過，或者也跟著按下轉傳分享給其他人。

那些觸動你的話語，有可能是你從未想到的，或是本來知道但遺忘的事，因而有所共鳴。

著名的幽默大師馬克．吐溫說：「人是唯一會笑的動物，因為他必須忍受很多的苦惱，所以發明了笑。」一開始看到時，我覺得這句話真有意思，但仔細理解這句話背後隱含的意義是——當你困苦、苦惱的時候，要用樂觀、正向的態度面對，也許只是苦笑，但都表達了不會被困難打倒的一種姿態。

當我們面對苦惱的態度是如此時，也就戰勝了自己內心的懦弱，翻轉了困境中的主導權。

破立之間，新舊價值觀的火花

以前人際互動是面對面的交流，現在各種社群網站的建立，使得人跟人的互動增加了各種不同的形式及管道。

年輕人喜歡用ＩＧ追蹤朋友，來展開人際的交流，但年長者仍習慣於面對面的互動，感覺較有實質感；年輕人在網路上經營「動物森友會」，而年長者則喜歡在生活裡「拈花惹草」。

價值觀的變動和生活型態的轉換，其實是在每一個世代當中，都可以看到的議題，每個世代都會跟上一個世代有價值觀的差異，亦即所謂的「代溝」。

我們這個世代，剛好面臨知識爆發，從撥接一路走到5G時代，以前要問一件事，人家會說要「找門路」，現在的門路就在手機上面，只要動動手指，Google 一下就知道了。

過去，同性戀議題是禁忌一般的存在，有些家長會認為小孩是不學好或被帶壞才會喜歡同性，後來社會上開始有人用「出櫃」來表達他們的性別認同及性取向。

也有越來越多的資訊說明，同性戀並不是自己能夠控制，而是與生俱來的性取向，基因設定就是如此，並非透過學習而來，當然就沒有什麼不學好的事了。

中年世代與其說被新舊潮流卡在中間，不如說他們面對的是一個隨著年歲成長，社會變遷的脈動下，認識新的價值觀。

現今多元的資訊，也開始影響著他們過去一直認為理所當然的事。

對中年族群來說，他們信奉多年的價值觀，也開始出現了反思，即以前堅守的信念真的合適嗎？現在是不是要重新接受不同的觀念、重新調整看待事情的角度？可是在調整的過程中，等於也在推翻過去某部分的自己，可能有一點點痛苦、一點點掙扎，畢竟那是過去一直奉行不悖的信念，有時還找不到一個說服自己的理由。

面對價值觀的轉換，這部分又區分成主動跟被動，所謂「主動」是自己感覺到了和外在環境或人際互動上的隔閡，覺得是時候該轉變了，或是感覺到時事的趨勢，為了因應潮流，所以主動調整自己；而「被動」的狀況則是山不轉路轉，為了讓事情順利進行，或是不讓自己陷入格格不入的情境，只好被動改變價值觀念，不然能怎麼辦呢？

例如有一些父母親，在他們舊有的價值觀念中，無法認同同性戀，直到自己的小孩是同性戀時，讓他不得不去面對，在理解同性戀的過程中，透過更多資訊的取得，也幫助他們更瞭解原本不清楚的事情或族群，而有了更大的理解與包容。世代之間，於是有了涵容。

9 自我覺察，迷茫世代的安定學

自我覺察比較像是在陪伴自己，用自己的經歷來豐厚生命。

很多時候，它反而是在我們遇到挫折、沮喪或失落的時刻裡，成為一份支持的力量。

不同的觀點就像是自我界限的刺激，當有句話突然震撼了你的心，如果可以稍微停下來咀嚼一下，就會發現原來有人也是這麼想的，或是我怎麼忽略了這個部分？沒想過還可以用這樣的角度去看事情……。

這樣一來，便可以聽到內心的聲音，重新釐清價值觀的同時，也看見自己在一件事情上認同與不清楚的部分。

透過別人的看見或回饋，重新觸及自己未曾感受或是尚待啟發的部分，這就是自我探索常說的「盲目我」或是「未知我」。

心靈觸動，留意針尖上的一滴水

「盲目我」或「未知我」都是平常沒有注意到的自己，在渾渾噩噩中只是跟著日子在前進而已，可是當它被提醒的時候，內心還是會被觸動，我們就是想要多認識一些那個被觸動到的自己，活得更明白，更穩健紮實，也才是真正的活出自我。

可能有些人覺得「活出自己」等於「出類拔萃」，因此，對自己而言，覺得不需要也不習慣和自己對話。

我曾經被一幅照片震懾，那是一個旅人，全身行旅的裝備，拿著登山杖，獨自站在北國冰霜的懸崖邊，頗有「念天地之悠悠」的氣勢，我朋友則形容為「遺世而獨立」，我更喜歡這樣的註腳。在紛擾的生活裡，活出自己，不一定得要多麼出類拔萃，但得懂得和自己靠近。

我們難免會有獨處的時候，或許還會刻意避免獨處。如果可以試著開始練習，在獨處時和自己對話、自我陪伴，在和自己對話的過程中，如果沒有停下來或靜下來感覺一下「自己」，那些在腦子裡的想法或在心裡湧現的感受，就像針尖上的一滴水，瞬間滴入大海裡，「一點一滴」飄忽著，就被帶走了。

可是當你試著釐清它想要傳達的訊息時，反而會生成一股力量，你也會因此穩定下來，這樣的過程，也就是我們常說的「覺察」。

很多的心理照顧都會幫忙處在困擾中的人從「覺察」開始，透過傾聽自己的心聲，體驗在事件當下的感受、情緒或想法，從中更清楚自己。

整個體會的過程，也是一種自我照顧，看見在事件中受傷、受委屈，或是脆弱的自己，這個過程，可以變成是一種陪伴自己的力量，也可以是自我成長的滋養。

既然是看見自己，難免也會不認同當中某部分的自己，把這部分當成一種省思，可以是一種不同的觀點，也可以當成轉換的起點，比如無法接受過去荒唐度日的自己，因此，更勤奮經營目前的生活等。

我們不見得要認同生命裡的每個經驗，但是可以多理解一個觀點，明白自己的不喜歡到底是怎麼一回事。

失落時刻，為自己找到浮木

那麼要用什麼樣的方式進入「自我覺察」，並且和自己對話呢？

生活經驗中的事物、人際互動、過往經驗、自我價值和期許，都可以當作覺察的題材。當中不外乎是看見「自己」的感受、「自己」的想法，還有「自己」在過程中如何的轉換跟轉變，甚至是選擇。

此外，還可以用歷史的角度，把自己帶入生命的不同階段，人生成就不是只有最後的光環，而是在過程當中，每一次經驗所累積出來的體會，都成為自己的映照，在生命的河裡傳唱。

也許有人認為，光在那裡空想，或是跟自己對話，即便有所體會，也不會是一種成就啊！學習自我覺察或許比較像是在陪伴自己，用過往的經歷來豐厚生命。很多時候，反而是在我們遇到挫折、沮喪、失落時，能為自己找到浮木，成為一份支持的力量，同時幫自己找到谷底翻轉的機會。

「體會」不會變成一個彰顯於外的成就，但是可以成為內在的修練、淬鍊、涵養，滋養且豐厚生命。

陪伴的安穩，內在的力量

有些人在外不如意時，會往內在的自己去尋求解答。當然，過程當中，往往也因為感受到陷入困境的無助與孤單，經歷自我否定，在自我掙扎的混亂中，嘗試不同的方式來跳脫困境。如果能夠找到穩定自己的力量，似乎同時也重新看見了，原來一直以來追求的目標，對自我的意義價值在哪裡，可以重新修正自己。

當面臨重大打擊或大起大落的人生，之後反而會以一種豁達態度來看待生命，經歷了這些事情，才知道原來以為的成功並不是最重要的事。

一番峰迴路轉，才發現當初的目標設定錯了，自己想要的是跟家人在一起的那份親情與愛，更加瞭解到原來最實在的生活，才是心之所向。即便忙碌，也在中間的喘息裡，感受那份踏實。或許他們內心經過一番體悟之後，才發現所謂的光鮮亮麗、奢華享樂，都只是一時的絢爛，真正的寶藏可能就在眼前，或是往內在找尋自己。

在自己和自己內在的對話中，找到陪伴的安穩，感覺有股內在的力量，源源不絕地支持著我們外在的忙碌，體會到內在的滋養，溫潤如煦。

10 人生下半場，學習安適自在

我們常說四十歲以後，開始進入人生下半場。不論是對於生活的「不惑」，或是自我價值的「惑」，反而是一個重新檢視自我的開始。

人生是一個不斷轉換的過程，隨著年齡、生活經驗、角色轉換以及社會情境等，形成每個人獨一無二的生活樣貌。

每個世代都在不同的成長背景下，各自從生活中找到屬於自己認同的「從容」。青壯年階段，須同時面對下一代的扶育和高齡長輩者的照顧，身兼為人子女所應扮演的照顧、承擔的角色。

在工作上面，中壯世代也還不能退休，同時負荷著職場、家庭，甚至自我的調整，蠟燭多頭燒的境況，他們所要面對的，真的是一個巨大的挑戰。

四十有惑？重新檢視自我

人生走到這個階段，層層的負荷交雜，往前是生命曾有的堆疊，往後是人生下半場的境遇。

財富、名聲似乎填補不了內在靈魂的空虛，定下來才發現，人生旅程到了這段路，可以說最是驚險的階段，卻也因為過往的歷練，而足以承擔。

此時展現出一種從容的態度，面對自己內在或多或少已經體會到一些對於人生起落的理解，這個姿態就是「四十而不惑」嗎？或許不是，反而是人生四十才開始瞭解「惑」是什麼，才開始體會原來自己還有這麼多的疑問，不曾認真思考過，也沒能深刻感受和自己在一起的踏實感。

如果你問一個剛在牙牙學語的小孩：「漂不漂亮啊？」

他會回：「漂亮！」

你再問：「好不好呀？」

他就回：「好！」

當小孩成長到青少年時期，有了自己的想法，不再任你擺佈，也容易唱反調；接著二、三十歲踏入社會開始工作，慢慢感受到自己的責任，想法開始定下來，學著設定自己未來的目標，該工作就工作，該打拚就打拚。在庸庸碌碌中，快速累積人生的體驗，也活出自己的生活樣態。

我們常說四十歲以後，開始進入人生下半場，不論是對於生活的「不惑」，或是自我價值的「惑」，反而是一個重新檢視的起點。

此時開始對人生的價值、意義提出疑問。所以，這個時候，其實是很好的機會，重新用一個視角看見過去時空背景下所塑造、養成的自己，當中有哪些是自己珍惜的事物，哪些又是想掙脫或改變的回憶？

如果依循過去設定的目標，仍是你要的嗎？「轉換」，何時出現在你的心裡？它會是你的選項嗎？如果是，你有沒有能力去轉換？

很多人在中年的時候，會選擇轉換跑道，那種決心，應該是經過一番深思熟慮的結果，不同於年輕時候的不經世事，衝動莽撞或好奇探索。

其中展現了所謂的「不惑」，一定曾經開啟了一個自我的提問，包含我想要的，我可以的，以及我在乎的……，整個過程便是「找自己」的探索與對話。

往往在這個階段，會回頭去看以前年輕的時候，重新整理或是檢視、修正。總而言之，可以在自我對話的「問號」裡面，重新找到自己的答案。

有些人會發現中年之後培養出來的興趣，包含了年輕歲月裡的熱情、堅持，或者在挫折中的信仰，因為這是集結了他的故事、努力、經驗跟內涵。

走進不惑階段，得先自我解惑

儀安是位護理師，工作輪值的關係，白班、小夜、大夜的排班讓她的生活節奏無法像一般上班族般的規律。

週末朋友邀約出外踏青，她不是正在值班，就是剛下大夜要補眠，生活越來越宅，也覺得離大家越來越遠，甚至懷疑起工作的意義難道是在破壞自己的人生？

在一次偶然之下，她在花市買了幾株迷你型的蘭花，不佔空間，剛好掛在窗邊。

逐漸地，儀安發現自己對照顧花草很有興趣，喜歡上那種跟著季節等待花開吐芽的期待感，也開始對植物栽種有更多的認識，還加入網路社群的討論群組，從中找到一份適合自己的歸屬感。

興趣的累積要靠時間，每年花開的時候，是儀安最期待的季節，因為可以分享自己的栽培成果，透過盆栽而在生活中實現了自己的成就感，貼近自己的心。

幾年下來，雖說稱不上是專家，但說是業餘玩家也不為過，各種品種特性，如數家珍。回想當初是從生活的空虛裡找尋出口，進而透過興趣找到自己，轉換的經驗，同時也是自己的一段故事。

中年世代的負荷是很沉重的，可是也因為如此，而有機會透過這樣一個機緣，重新整理、思考，進而覺察什麼才是自己要的。

所以在「四十而不惑」開始的「不惑」，要先走過前面「惑」的階段，問自己很多的問題，才能夠走到後面的「不惑」。

也就明白，在和自己對話的過程裡，這些事物為什麼會變成你的珍藏？也撿起了許多過去已經快遺忘的故事，把自己的問號解開。

叩問生命，不急著找解答

難道人生的疑惑，都找得到解答嗎？倘若對自己的提問暫時解不開，那不就背著更多的困擾，庸人自擾了嗎？

其實我們可以把自我探索的過程，當成是一種生命的陪伴與對話，也就是成為一種習慣與過程，而不是將目標設定成「要得到結論」。

一時得不到解答時，你有很多種方法可以做，本來生命中的提問，就不一定會立即找到答案，因此，不要讓自己鑽進死胡同。我們常形容生命對於自己的叩問，就像是貝殼裡的那一粒沙，一直刺痛著你，雖然沒辦法處理掉，卻也促使我們更加瞭解自己。

很多的自我探索或課題，不一定要在看見的當下就得馬上處理。

有時候先瞭解一下過去的創傷或是衝突，再等待合適的時機，才能有所行動，因為可能還會牽扯到別人，而在這個時機點，你準備好了，對方不一定準備好了，你覺得想要去處理，時機不見得是剛剛好，所以就順勢而為吧！

有時候它會在合適的時候，自然產生解決的動力，水到渠成。

就像我的一位朋友前陣子跟我分享掙扎了二十年的心事，終於在二十年之後，她找到前任男友，彼此把當年分手時候的不愉快講清楚。

我疑惑地問：「可是這二十年來，妳不也過著幸福快樂的日子？」

她說：「對，可是我總覺得人生到這個階段了，有一些東西還是想要清掉。」對於朋友來說，這個過程就好比是個「儀式」，完成了才能真的放下，把它視為一段插曲，讓自己可以繼續前進，不再掛心。

當然，也許事情就這樣放著，也不會對她造成影響，可是心中總會覺得就差了那麼一點點。

因緣際會之下，她和前男友在網絡社群裡互相加了好友，所以朋友認為這是可以好好把當年的過程重新整理一次的機會。

對她而言，她一直看到當年缺乏勇氣的自己，而在多年後，她已經比當年更有力量了，可以勇敢地接應當年的衝擊及疑惑了。

不論結局如何，對她而言就是一個完成。也許答案並不是重點，而是面對自己當年逃開的膽怯，以及不想碰觸的傷痛，或許幾年來，她可能有很多的怨恨或是不解吧，但是想想現在的自己後來也過得很幸福美滿。

用現在的視角回顧過往，可以給當年的自己一個擁抱，給這幾年的受苦一份疼惜，用自己的力量來照顧自己的心情，也見證自己的成長。

02 畫出自己的「生命線」

這個小練習，將帶你重新回顧個人的生命路徑。

下一頁的座標圖裡，橫軸為時間，即出生〇歲一直到現在，有的人會從父母口中聽到自己出生前的家庭故事，也會成為自己的一部分。如果那一部分，對自己深具意義，也可以把時間往前設到〇歲以前。

接著，縱軸設為生命經驗中對事件的心情，當中的起伏，便是主觀直覺對於自己生命之流的記載。所以，透過畫一道自己的「生命線」，可以大致整理出自己的生命經驗。

畫出生命線之後，我們可以逐一地在每一個轉折或起伏裡，標示出那個時間裡對我們具有影響的事件，事件當中會有和我們經歷過程的人、事、物、感受……，都可以一併註記在上面。

然後，靜靜地給自己一段時間回顧，重新整理一下被回憶翻攪出來的情緒。

重新看待曾經的自己，你想對自己說些什麼話呢？現在把它一一寫下來吧。

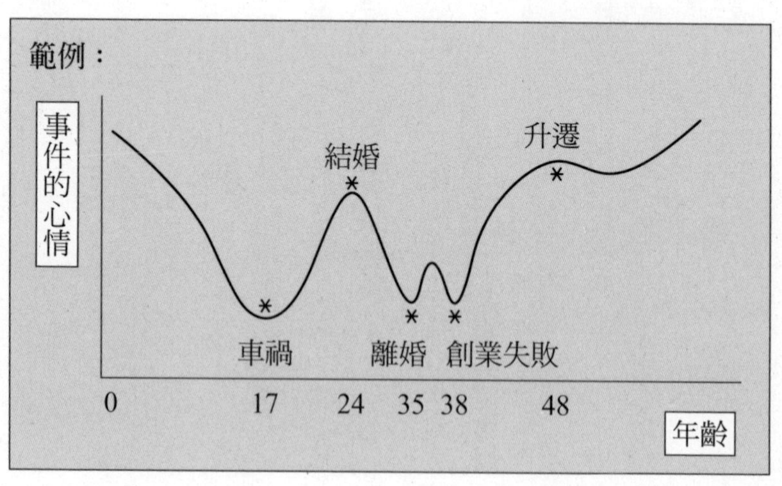

畫出我的生命線

寫下想對自己說的話……

Chapter 3

暖心經驗，影響生命至深

美國家族治療大師維琴尼亞·薩提爾（Virginia Satir）指出，在溝通的情境中，人們容易出現五種因應的互動型態，分別是指責型、討好型、理智型、打岔型及一致型。

當我們開始讀懂自己行為背後的想法時，才能夠貼近更真實的自己，更能明白過往被暖心照顧的經驗，如何影響生命至深。

1 冰山之下，隱晦的呼求……

事情的進展，有時候與本來想像得不一樣，我們卻容易侷限在當時的言行及感受上，被情緒所籠罩，可能是生氣、懊悔，或自責……。

很多時候，我們是從自己的言行表現來認識自己，但也常覺得那似乎不是自己的本意，幾經掙扎，還是困在自己的習慣裡，可能有擔心、有羞怯，還有的是脆弱及不安，最後會發現想要勇敢地表達真實想法或感受，並不是一件簡單的事情。

人的內心如同一座冰山，能夠看見的僅僅是透過我們的行為，及情緒所展現的冰山一角，而那些我們無法言說的期待與渴望，則像是潛藏在海底的大塊冰山，雖然看不到，卻紮實地影響著我們。

在情境中，探索潛藏的自己

很多人談到「自我探索」的時候，經常會以「冰山」來形容。《冰山理論》是美國家族治療大師維琴尼亞・薩提爾（Virginia Satir）所提出，主要概念就是關於展現在外的行為，就像露出水面的冰山一角，只代表一小部分的我們。

其它潛藏而不容易被知道的，就像是一座冰山在水面下不被看見的部分，壯大而豐富，包括我們對情緒的感受、想法、期待及渴望等，都是屬於這部分。

我們會發現，隨著情境事件或面對不同人而有不同的互動表現。有些人在各種情境裡都能夠展現自我，那些從容而不做作，真誠而不疏離的人，總是令人羨慕；有些人只會在覺得安全的環境下，在熟悉的朋友之間才能夠自在，在不熟悉的情境下，內心難免掙扎一番，不是想逃開，就是勉強承受著壓力，期待趕快結束這樣的場合，躲回自己安全的角落。

不論是哪種情況，你曾經對自己當時的行為或者心情，感到好奇嗎？

事情的進展，有時候與本來想像得不一樣，或是偶爾脫口而出的話，跟原本想傳達的意思大相逕庭，我們卻容易侷限在當時的言行及感受上，被生氣、懊悔或自責等情緒所籠罩。然而溝通情境中，快速應對變化，常讓人來不及細想，直覺就做出反應，事後回想則會有些懊悔：「我其實沒那個意思。」這時讓我們停下來檢視一下自己的情況，也去看看溝通的過程中到底發生了什麼事？

回想在跟人的互動、在情境中所展現的自己，因為人是處在情境裡面，也就是說在不同的情況下，我們都會有自己的想法及反應，如果能更深層地探索，就會發現更多在情境發生的當下，沒有表達出來的部分。這個最深沉、最底層的樣貌，也就是我們所說的「冰山下的自己」。

情境中的感受 VS. 對感受的感受

我們為何想要探討冰山之下較少被看見的自己？因為希望透過瞭解那些被隱藏的想法、感受，或者深層的期待，可以更清楚地看見自己心中深處的渴望，明白自己的行為，以及找到適合達到期待的途徑，避免落入現實與期待的矛盾中。

我們可以從中找到比較接近自己內在的想法，甚至可以翻轉目前停滯、萎靡的狀態，並思考未來可以怎麼改變。

有時候我們在探討情緒的感受時，會遇到一個困難的狀況，那就是無法一下子搞清楚自己真正的感受，往往發現的都是「煩躁」。

如果仔細區分，可以把感受分兩個部分：一個是對情境當下的感受，另一個是對自己出現這種感受而產生的感受，即是「感受的感受」，在「感受的感受」之下，就是比較被隱藏起來的想法，還有導致這些想法的背後，有屬於個人的觀點，當中包括成見、假設、信念，以及期待——希望大家都能夠好好、希望被別人看到的是有用的我。

期望的背後，則是渴望：「我渴望被人知道自己很有能力，並同時做好自己，以及握有生活的掌握權。」這個就回到最根本的核心需求，例如：被愛、被接納，以及對自由、自主或安全感的需求。

我其實不是這樣啊！

每個人都想要「做自己」，但人在不同情境中展現的，都是不一樣的面向，這些都是「我」。

我們在熟人面前說話直爽，在陌生人或長輩面前則比較拘謹，面對在乎的人，很多時候會想要順著他的意見而顯得順從，而在談到個人的專長或興趣的議題時，則展現得比較有主見，這些都是表現出自己的樣貌，就好比小孩子，他在學校、在家裡、在老師和在家長面前，完全是不同的樣子。

可見每個人在和別人的互動中，所展現的言行，都有著自己的想法，以及對自己的認知、期待，也有自己想要的需求。所以，我們展現於外的行為，會代表著自己內在的想法、需求和期待，也同時讓周遭的人認知到你是什麼樣的人，而能更深層地透過互動來瞭解你。

有時候可能會出現不一致的行為反應，例如明明自己不喜歡做的事，面對朋友的請託，卻表現出熱心參與的樣子，只為了想討好對方，留下好印象。

又或是在職場，因為必須要展現專業且掌控大局的一面，雖然私下其實是熱情又玻璃心的人，還是得極力隱藏自己的情緒，用理性的姿態來和人互動。

我們可能都有過因為擔心破壞關係而委屈自己，或是詞不達意說錯話的經驗，而經常獨自懊悔。

如果類似的情況只是偶爾發生，也許澄清之後就可以釋懷，畢竟人非聖賢，孰能無過？然而，每個人都有個人風格及溝通方式，有時候會聽到有人說：「我這個人就是這樣啊！」這句話說明了溝通習慣要改變是件不容易的事。

然而，當下的情境，是不是同時也傳達出另一個訊息：要完全不被誤解地傳達自己真正的想法，也是不容易的事情，「我其實不是這樣啊！」或許才是自己內心真正想說的話！

探索冰山下的自己

透過自己在互動情境裡的展現，或許可以讓我們看到隱身在膽怯、委屈、堅強和衝突背後，那個真實的自己，以及想被瞭解、被照顧的自己。

試著自問：「這真的是我真實的樣貌嗎？」、「做這件事情時，我的感受和真正的想法是一致的嗎？」然後在日常生活裡聽見、看見，並深入和自己對話，進一步認識自己。

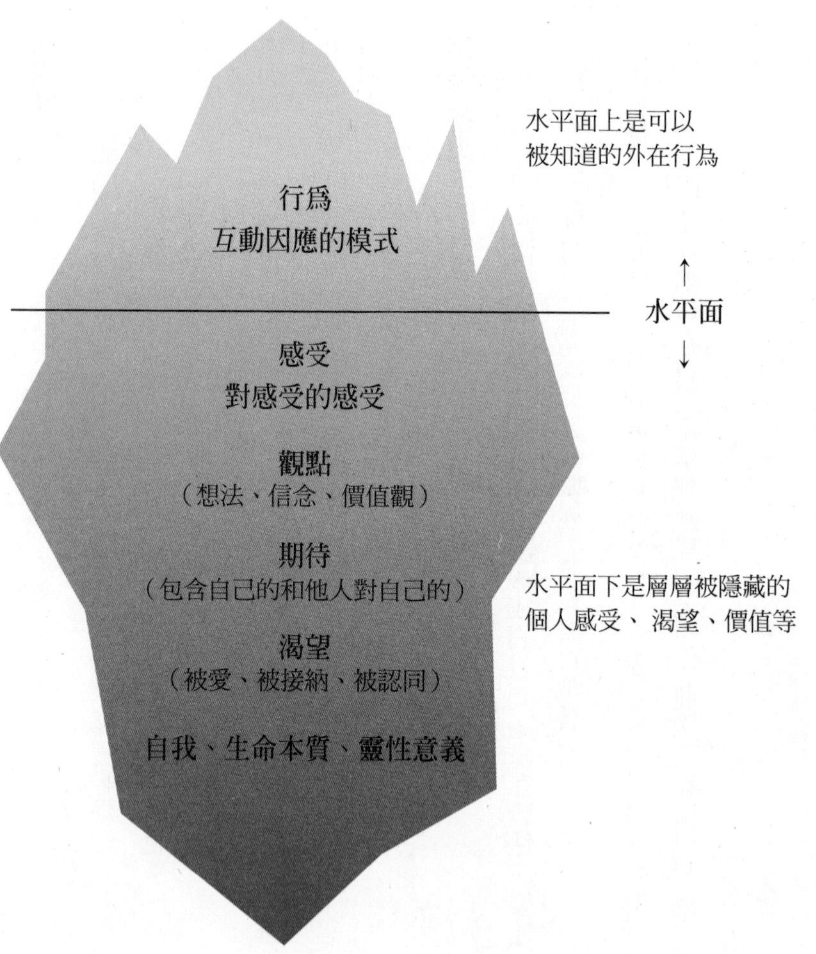
水平面上是可以
被知道的外在行為
行爲
互動因應的模式
水平面
感受
對感受的感受
觀點
（想法、信念、價值觀）
期待
（包含自己的和他人對自己的）
水平面下是層層被隱藏的
個人感受、渴望、價值等
渴望
（被愛、被接納、被認同）
自我、生命本質、靈性意義

薩提爾《冰山理論》

也許學習運用《冰山理論》的概念來探索自己，最上面代表的是行為——看到、聽到的是什麼，以及隱藏在水面下的部分，包含感受以及期待等內在狀態。

當中會有「我們的希望」跟「我們的需要」，整個脈絡在每次遇到卡住的時候，甚至感到孤單的時刻，都可以應用，為自己帶來更清楚的理解與認識。

2 看得見行為背後，隱藏著互動拉扯

我們要如何從行為互動中看見背後的訊息？可以分為兩個部分：第一部分是我們對於自己行為感受是什麼？第二部分是對這樣表現出來的情緒，有什麼感覺？

二〇二一年五月，因為三級警戒，各個學校都採取居家上課的方式，就有網路流傳家長們在家帶小孩的崩潰照片。

因為小孩在家完全不受控，與在學校的表現完全不同。畢竟家裡不同於學校，有那麼清楚嚴格的規範……。

五種類型的反應，你是哪一種？

假使時間到了晚上九點、十點了，小孩還在玩遊戲，父母可能會有不同的反應出現。

第一種類型——指責型的人。認為孩子不認真，這麼晚了還在滑手機、玩遊戲，家長可能會說：「這麼晚了！書都不用唸，覺都不用睡了，只要玩手機就好了嗎？」表面上是用指責的方式，但背後真正想要表達的意思是：「我擔心你太晚睡了，隔天上課會沒有精神。」

然而，這一類型的人往往會用批評語氣，想要讓別人知道自己背後的期待。例如父母希望孩子能夠好好照顧自己，包括生活作息、課業和健康。如果孩子能夠好好的，他們不就能夠放心了？

其實「關心」才是孩子的爸媽真正渴望的事情，可是他們卻用「指責」的形式來展現：「這麼晚了，你到底要不要睡覺？明天還要不要考試？還要不要上學？」反而傳遞出了不同的意思。

第二種類型——討好型的人。他們習慣致力於滿足、取悅他人，例如父母可能會說：「你最棒、最聽話了！乖，我們先把東西收起來，明天再玩。」你可能會覺得這是好溫和的爸爸媽媽，但是小孩可能不會理他，而父母也常感到精疲力竭。

這樣的溝通背後，可能是害怕傷害親子關係，希望和孩子維持良好互動，以為用「無條件包容」可以維護關係，減少衝突。所以，寧願委屈自己的擔心，也要隱藏起真實想法和感受，認為「只要小孩好，自己都不重要」，以犧牲來維繫雙方的互動。

第三種類型——理智型的人。他們會用分析來溝通：「你知道嗎？新聞都說小孩子最好在晚上九點以前睡覺，身體得到合適的休息時間，對你的學習能力才有加分作用！」但是這樣的話，小孩可能感受不到父母的關愛，只會覺得滿滿的教條，而阻礙了良好的親子關係。

其實，這類親子互動很常見，而父母對子女的關心被隱藏在很多的「應該」裡，父母不想讓孩子看見他們為孩子展現的「情緒」，例如擔心。這種溝通類型的背後，或許覺得一旦展現了我的情感，我就不再強大。

第四種類型——打岔型的人。他們會說：「你在玩遊戲？看起來很好玩的樣子，改天也教我玩吧！」接著又說：「喂，時間晚了，快去睡覺！整天只有玩遊戲最認真！」

在這個過程當中，同時釋放出好幾種訊息，一方面跟孩子說想玩玩看，但是遊戲對家長而言，已經沒有太多的吸引力了，甚至突然驚覺，身為父母應該要站在指導、規範的立場，於是轉而要求孩子趕快去睡覺，所以孩子接受到的訊息反而充滿混亂。

第五種類型——一致型的人。如果家長採用比較一致性的說法：「現在時間有點晚，到你該休息的時間了，但我看到你還沉迷在遊戲裡，也許你可以等明天或是放假的時候再繼續玩。」以這樣的方式，既傳達了關懷，也給了允許。

小朋友感受到爸媽的愛，也感覺到管束、約束、引導，以及修正行為的功用，同時讓小朋友也試著回顧自己的想法，就有機會再一次給自己行為選擇的空間：「對於當下在做的事情，我好像可以有一些選擇，並且負起一些責任。」這才是一個互相溝通的過程，也是比較好的發展模式。

整個溝通過程，所傳達出的訊息是——我給你一定的自由、自主，同時也告訴你，我的看法是什麼：「我注意到時間有點晚了，現在是休息時間，也許可以等合適的時間再繼續遊戲。休息是為了讓身體更健康，也是幫助自己預備明天的學習狀態。」

孩子便可以從這個溝通過程中，學習思考整件事情的是非對錯，而不是利用情緒的威脅，或是在權力中拉扯。

從行為互動，看見背後的真實訊息

剛剛講的是展現在外的行為，通常只是一個表象，真正需要讀懂的是——行為下希望傳達出的訊息，譬如小孩被罵，他只會覺得難過、委屈，就算跟他說：「你的爸爸媽媽是為你好。」但小孩無法瞭解父母背後想要傳遞的訊息，心裡面反而會想：「罵我哪裡是為我好？」小孩被困在情緒的拉扯當中，完全感受不到父母的用心，對於責罵行為充滿更多的誤解。

不只是孩子，多數大人有時候也沒辦法在互動中，看見行為背後的真正意圖。我們要如何從行為中看見背後的訊息？這裡可以區分為兩個部分，第一部分是我們對於自己行為的感受是什麼？

其實好多父母罵完孩子之後，內心都有深深的自責感，但為什麼還是這麼做了？情境裡面的行為衍生出來的，是父母在這件事的感受，他們可能是生氣的，因為認為我的小孩不聽話。

第二部分是面對這種生氣，內在的感受又是什麼？可能是懊悔、自責，甚至委屈。父母心中會想：「我為了要提供你良好的學習環境，必須犧牲原先手上很多重要的事情，連本來跟朋友約好要做的事也推掉。我用大把的時間照顧你，你卻沒有看到這些付出……。」

當我們在事件中回顧自己的行為以及想法時，往往會出現更多一開始沒有的感受，對情緒中的自己有更深解讀。如果開始讀懂自己行為背後的想法，或是行為背後所衍生出來的感受時，也就更貼近真實的自己。

3 發現情緒背後，貼近真實的自己

可不可以開始有不一樣的變化？如果可以，可以從什麼地方著手呢？我選擇養孔雀魚，光是每天看著牠，就會覺得生活有了寄託，只要每天餵一點飼料，看著孔雀魚自在悠游，彷彿也感受到那份自在。

「得獎了！」日本東京奧運比賽在二〇二一年八月八日落幕，許多人在過程中關注並享受著場場精彩賽事，大家一起為選手們加油，看他們在運動場上奮力突破紀錄的同時，也為背後奮鬥的故事感動。

從小到大我們可能多少都有領到獎項的機會，每一份獎項都是一種肯定，得獎者應該充滿成就感，然而有些得獎者在光環的背後，卻仍然感受到一份空虛，類似這種經驗，覺察到「高興」背後的「空虛感」，就是可以更貼近真實自己的時機。

生氣的背後，究竟是什麼？

有時候我們容易在情緒裡迷失自我，甚至習慣情緒一來，直接選擇逃避，不想面對事件帶來的情緒波動。

覺察自己在「不想面對」的感受是什麼？自己在面對壓力、處理困難的時候，對於躲避、害怕或者憤怒，有什麼看法？有人說：「我覺得好孬。」代表背後的想法其實是：「我可以做得更好。」所以，是不是有機會試著從一開始的情緒裡，看見情緒背後代表的感受，以及感受背後的想法，也就是我們說的「對感受的感受」，才能更貼近真實的自己。

很多人罵別人說：「小孬孬，一遇到事情就逃避！」或是：「一遇到事情就擺爛、卸責！」對於別人的批評，當事人當然會感到很生氣，有時還因此做了更多不好的行為。

如果你又去問他：「現在的感覺是什麼？」他可能回答：「我很生氣！」你再問：

「除了生氣，還想到什麼？感覺又是什麼？」他會說：「我覺得很委屈，因為我並不是想要擺爛的人。」

我們可以陪他繼續探討下去：「所以生氣，是因為別人誤解而感到委屈？還是因為你對自己也有期待？那你的期待是什麼？」

他也許會回答：「我期待自己是一個能夠表現得更好，得到更多的掌聲。」這時，我們便能看到他真正在乎的東西，就可以順著想法進一步討論：「當你想要展現得更好時，是否還可以多做一些什麼？」陪著他找出解決方法。

假使在相處互動時，別人只會說你「擺爛」，你可能感到自己一事無成，對於這個說法的背後感覺是什麼？可能是對於自己失望，或是討厭自己、厭惡自己，而這個「厭惡」情緒代表的其實是認為自己是有能力去改變，而非如此一蹶不振或是無能為力，也代表著自己還是可以有所選擇。

透過這個部分的探索，可以回頭看看一路以來的過程，曾經有過什麼樣的選擇機會，當我們相信自己是有選擇的時候，可以提醒自己，不要執著在表象，透過傾聽內在的聲音，找到「為什麼用這樣的方式來應對？」這也能得知為什麼有些人在面臨挫折時，他不是停滯在原地，而是選擇不畏懼的向前衝。

尋找生活中，改變的「可能」

我有過一次很沮喪的經驗，那時和朋友一起想要完成一個工作，但一直遇到阻礙，感到相當無助，甚至在生活中找不到任何支撐，那位朋友對我說了一句話：「妳知道當年亞瑟王和他的圓桌武士被困住時，亞瑟王說了什麼嗎？」

我說：「我不知道！」

他說：「亞瑟王只跟他的圓桌武士說了兩個字：『衝啊！』就這麼簡單。」

朋友可能讀到我心裡的無能為力。對於這個無能為力，其實充滿著憤憤不平，內心覺得不該如此、不應該是這樣，可是我被情緒給困住了。

當時我的無望感夾雜著憤恨不平，釐清情緒的感受之後，進一步瞭解背後的想法其實是：「我可以做些什麼來改變現況？」接著便可以再問：「那麼我的期待是什麼？」

我給自己的答案是：「我期待自己不要一直萎靡不振、停滯在原地。」於是，我開始讓自己有所行動，但不急著往目標前進，而是先讓自己從生活中學習「改變」。

記得當時做的小改變，就是試著「養孔雀魚」。

從小地方開始建構自己，尋找生活當中可以改變的一個「可能」，這個東西可能跟我的遠大目標，例如重新站起來、考試得全校前五名、業績衝第一等等，沒有任何直接關聯，卻是讓自己開始「改變」的重要經驗。

因此，問問自己：「我可不可以開始有不一樣的變化？如果可以，可以從什麼地方著手呢？」

例如，有些人會選擇養小盆栽，如果是新手，單純為了體驗生活的改變，那我們就建議找比較好養的植物，當它每次發芽、長高，就會有種「哇！希望來了！」的感覺。就像當初我選擇養孔雀魚，光是每天看著牠，就會覺得生活有了寄託，只要每天餵一點飼料，看著牠自在悠游，彷彿也感受到那份自在。

改變的過程，成為光榮與標章

換個居家裝飾、養株植物……，改變可以從生活周遭開始，即便一開始的改變相當微小，甚至連自己都不清楚，但實際行動的那一刻起，就跟本來的自己不一樣了。

這樣的不同，同時會讓我們對於原本的事件產生不同的視角、不同的想法，以及對於事件重新的感受。

每個人都能在自己的世界裡，整理自己的想法，以及各種不同階段的感受，在為自己努力的同時，也會對未來產生一種重新的想像與期待，期待自己能夠被看見，也希望自己的改變過程，能夠成為光榮與標章。

4 孤獨，但不孤單

孤獨可以不孤單，而且孤單一旦找到了貼近自己的方法，便能夠在自己的經驗裡，找到一份安穩，跳脫空虛的狀態。

孤獨，可以展現很多種不同的樣貌，有些人獨處時感到相當自在，可以享受自己的時間；有些人獨處時，會感到慌亂、手足無措，甚至覺得內心很寂寞。這時的「獨處」變成是孤單，並非只是孤獨而已。

一個人，孤獨或孤單？

有一種孤獨，是豐富的孤獨，這是最好的狀態。

這些人在獨處時，明確感受到是跟自己在一起，知道自己在做什麼。一個人享受著咖啡、午後的陽光，生命中的人事物都在流動，豐富了我們的內在，此時的孤獨是豐富的，可以沉浸在當下，跟它融合。

有些人的獨處就只有自己，跟別人沒有連結，跟社會、情境也沒有連結，跳脫人與人之間的關係與情感，看似自在，卻少了份快活。

他們不能安適在只有自己的狀態，心中感到空蕩蕩，彷彿和世界脫鉤，也和自己的經驗隔離，生活中的人事物好像都跟自己沒有互動，也沒產生什麼影響。

還有一種是生活裡不乏朋友，也安排很多活動，等到聚會結束，空間安靜下來後，卻感受不到一整天的豐富，反而覺得忙完一天，回到家還得面對自己的空虛感，那種孤單更讓人感覺疲憊。

久而久之，內心可能開始慌了起來，突然之間覺得什麼都沒有意義，也停止追求更豐富的生活，甚至想逃離生活裡的人事物。

例如很多名人，他們在外面有很多朋友，生活裡看似呼風喚雨或是左右逢源，卻沒有跟自己的內在連結，於是經常感慨地說：「雖然過得忙碌，有時候並不知道自己在追求什麼。」好多人的孤單是這樣子來的。

雖然都是一個人，可是內在的狀態不一樣。孤獨可以不孤單，而且孤單一旦找到了貼近自己的方法，在自己的經驗裡找到一份安穩，就能跳脫空虛的狀態。

壓力臨界點，給自己短暫放風

曾經碰過一位太太是一名全職照顧者，長期照顧全癱臥床的老公。

我們都知道照顧者很辛苦，每天就是重複幫病人清潔、翻身拍背、灌食等等。以前是先生扛起養家的責任，現在是這位太太要扛起整個家之外，還要照顧生病的先生，等於雙重負擔。

照顧本身充滿了負荷，她先生即便生病臥床，也有自己的情緒，這位太太一直覺得必須去接受、承擔先生的情緒，畢竟他是病人，生病已經夠辛苦了，可是她自己也有滿滿的壓力，幾乎讓她快要崩潰了。

雖然接受社會福利以及公益團體的關懷，但她在滿滿的情緒中，覺得全世界只剩下自己，感到既孤單又無助。當下的她，只想把自己圈縮起來，斬斷和這個社會、生病先生的連結，那是一種把自己完全封閉起來，好逃開充滿壓力的世界。此時，她的內在世界已經到達壓力的臨界點。

於是，就在她把自己隔絕起來，不想跟外界接觸時，開始與自己對話，突然她好想找回那個曾經對未來懷抱希望、對生活擁有熱情的自己，那時的她充滿自信又樂觀，最重要的是「自由」。就是這麼一個「覺察」，讓她知道壓力已經到達極限了，而她內在渴望一份自由，以及對未來的希望感。

因此，她決定要讓生活有些改變——給自己放一天假。她對先生說：「我要休假，給自己一個喘息的空間。」所以她打電話給兒女們：「爸爸今天交給你們照顧，我要給自己放風一天！」

心情火車站，給自己的祝福

這位太太的「放風」方式，其實就是背起背包，跑去坐支線鐵路的火車。

「那一天不知道怎麼回事，隨便買了張車票就上車了。」她對我說。

當時的她沒有任何目的地，就是跟著火車一站一站前進，每到一站就下車，然後在附近繞一繞，碰到人的時候，就把小筆記本拿出來，告訴對方：「你可以為我寫一句話嗎？」

這是一件很特別的事情，因為碰到的都是陌生人，她跟對方說：「你看到我的當下，你想要跟我說什麼？」如此突然的邀請，許多人都會先愣住，因為對彼此的不認識、不瞭解，所以就會多聊兩句。

這時的她會分享自己是一名照顧者，在瞭解狀況後，對方寫下了給她的祝福，就這樣，一路上停停走走，直到傍晚才搭車回家。回到家後，她開始跟家人分享這一路上的心情，她在喘不過氣的照顧者生活中，創造出新的生活。

「在那一天，我的世界重新被打開，不再感到孤單，因為我累積了好多人溫暖的鼓勵。」太太跟我分享那一天的感受。

小筆記本裡一句句充滿祝福的話語，帶給她繼續努力的力量——

「我不知道妳是誰，但是我相信妳需要我給妳一個關心，不論生活遇到了什麼事，請妳加油。」

「妳很勇敢，而且妳是最棒的！」

「我相信妳做得到，而且妳已經做得很好了！」

每個人的生活都是由自己所創造，在感到孤單與自我對話的過程中，一定有個聲音告訴自己：「我一定要做一些改變，不要讓生氣或無助把我淹沒了！」所以背後出現了一個想法——我也要照顧我自己。

一旦「照顧自己」的想法出現後，接下來就是：「可以怎樣來照顧自己？」

照顧自己，找回生命熱情

故事中的太太渴望自己被照顧，也渴望跟外面的世界有所連結，而不是一天二十四小時裡面，除了睡覺之外，都在照顧她的先生。

「我為什麼不花些時間來照顧自己？」於是，才有了這趟自助小旅行。

其實也不能說是旅行，因為她不過是搭上火車，讓自己喘息一天，然而就算只有一段火車之旅，對她來說也相當滿足了。這一天的放風，讓生活變得有些不一樣了，節奏、步調都不同了，回到家又可以承擔起面對照顧者的角色。

透過跟自己作伴，讓她看到了內在的需求：「我也渴望得到別人的關懷，而不是一直付出關心；希望聽到別人的回應，而不是對我的要求。」老公的情況不會好轉，只會持續惡化。因此，照顧者會有一種永遠都做不好、做了也沒成就感的挫折。有時候的孤獨，來自於訪視過程都以病人為主，那麼自己在哪裡？

可是這一次，當別人聽到她的故事時，至少會肯定她的辛勞與勇敢，沒有人會說：「妳怎麼放著老公不管，自己跑出來玩？」反而會認為：「妳辛苦了，今天能走出來真的好棒！用這樣的方式抒壓，也很有創意。」當她聽到好多正面的回饋，感覺又重新找到了以前充滿活力的自己，這是當下最需要得到的力量，「能量」就在這時跑出來了，因為她照顧好了自己。

尋找內在的能量，就會發現原來可以這麼有創造力，用一天時間讓自己放個風，做了這麼多有趣的事情，回來還可以分享，然後發現每個人給她的留言都很不同，有鼓勵、有讚賞、也有好奇，還有人把自己的經驗也寫了上去，成了共鳴。也許她在下一次心情低落時，看看那些留言，又會想到那時候的場景，再一次提醒自己：「有這麼多人在背後支持著我。」

5 保有改變可能，就是自我突破

全世界都受到新冠肺炎的影響，生活習慣有了很大的改變，也多了挑戰。

透過跟自己對話來安定身心，同時保有改變的可能，即便是小小的變化，都是一種自我突破。

從二〇二〇年起，全世界都受到新冠肺炎的影響，台灣也無可倖免受到了病毒的侵襲。

這一年來大家的生活發生了很大的改變，學生改成視訊上課、餐廳不能內用、上班需要分流，還要上網預約搶疫苗……。

內外情緒拉扯，急需安定力量

對許多人而言，生活習慣有了很大的改變，也多了挑戰。

以施打疫苗當作例子，在二〇二〇年五月以前，有意願施打疫苗的人很少，大家對於疫苗有很多的疑慮及不確定感，但隨著疫情升溫，當疫苗接種成了保護自己也保護他人的途徑時，大家面臨了對自己舊有想法和觀念的更新，原本就害怕打針的人，更得突破對打針的恐懼。

如果家裡有長輩的人，感觸一定更深。一方面長輩本身有自己對於疫苗接種的認知，再者，他們也擔心施打疫苗的副作用。面對家中子女勸進的壓力，以及對打針的恐懼，在多重壓力之下，大概讓很多長輩們陷入艱熬的抉擇；但也有很多長輩選擇突破自己的限制，勇敢接受疫苗注射。

跳脫原有的生活框架就是一種挑戰，可以看到做出改變時的猶豫、抗拒，以及擔心。當中會出現很多想法和情緒，尤其是不確定的焦慮感。

於是，有些不平穩的情緒，干擾著原本平靜的生活，時常變動更新的防疫資訊，也增加了壓力，每個人在對外的生活適應，以及自我內在的情緒拉扯，也在其中尋找支持的力量與信念。

抗拒變化，來自無法掌控生活

如果看到自己對於生活的改變有著抗拒，還帶有些許的抱怨，那麼我們要試著整理一下情緒，問自己：「對於抱怨時的感覺是什麼？」可能覺得煩躁、生氣。

如果進一步追問：「生氣是因為覺得不應該承擔這些？還是覺得自己是事件裡的受害者？」這樣一個反問，就會發現原來這段時間「生氣」的情緒，來自於要面對不能掌控的變化。於是，我們看到了內心深處的想法，是希望能像過去一樣，有著穩定且有掌控感的生活。

當我們能瞭解自己的行為和情緒時，就可以重新整理與選擇不同的因應方式，修正對於事件的反應，當然也可以同時修正自己的觀點。

我們常說：「山不轉路轉。」如果期待的是一種安全及穩定的生活，若以疫情衝擊的當下來看，如何配合政策因應疫情變化，而不是固守原有生活方式來抗拒改變。

經過來回檢視感受及想法時，似乎原有的那份氣憤或抱怨情緒也就降低了，取而代之的是，更多的動力去調整心態及因應行動。

透過跟自己對話來安定自己，保有改變的可能，即便是小小的變化，都是一種自我突破。

看見之後，才有選擇

改變的同時，也可以感受一下自我界限突破的感覺，很多時候我們會找到改變所帶來的意義與價值，因而讓自己更有存在感，反應在外是對於情境的適應，內在則是對自我接納和壓力調適，讓自己的反應、行為、想法和感受，都更具一致性。

就好比〈4孤獨，但不孤單〉一文中照顧者的故事（頁一五四—一五八），她可能覺得自己就要認命當一輩子的照顧者，因為這就是她的命運，誰讓她的老公生病了？可是這個「認」的過程中，有沒有可能允許自己，正視照顧過程裡的疲憊，以及身為照顧者的無助、沮喪和挫折。

透過對自己的照顧，改變自己對於身為照顧者的抱怨，或者對照顧角色的重新看待。事實上，很多照顧者是出自於對家庭責任或對被照顧者的愛，而當中對於提供照顧的人而言，真正在乎的是被體諒、被肯定，就好比當她看到筆記本裡，別人給予的鼓勵及肯定時，所有的力量彷彿又回來了。

在自己的設限裡，給一份允許——不一定非得要怎麼樣，當中可以有一點點喘息的空間，如此，用貼近自己的需求來照顧自己。

其實我們內在有很多可能性，只要願意探討、突破，都可以有所不同。先探討，才能夠看見；看見之後，才有選擇，也才能夠行動。

6 嶄露真我，關係互動最好的方式

有時候尋找內心安定的能量，可以是透過自己被溫暖對待或被照顧的經驗，重新回想在過程中的滿足。在生活中學習複製這份滿足，讓自己也成為那個帶給別人關懷的角色，成為帶給別人溫暖的人。

在我們的經驗裡，很多時候在面對壓力時，會感到慌張，想要逃避或者害怕改變，擔心自己做不到或做不好。

這時便會找各種理由，或是出現某些情緒反應，比如生氣或焦慮，也可能用逃避來處理自己真正想要的結果，整個人就會被困住，或是停滯在問題中。

複製經驗，帶給別人溫暖

如果要請你分享一段，在最需要的時候，被人照顧的經驗，你會想到那是一種溫暖和安全的感覺，那時的自己，可以很放心地表達感受和想法，例如小時候被照顧的經驗。

記得小時候上學有一次天氣很冷，氣象預報說有寒流經過，可是那天早上出門時的天氣很溫暖，我只穿一件簡單的外套就出門了，但在放學的時候，外婆竟然拿著一件外套，站在校門口等我。

當我走到她面前，她就把外套披在我的肩膀上，那一剎那，心中頓時覺得好溫暖。原本對早上忘了帶外套的粗心而生氣，就在自己的需求被滿足時，感受到被照顧及被關愛的那個時刻，沮喪心情也一掃而空。

所以經驗怎麼影響我們？當我還來不及說，也沒有打電話回家，沒有求助的時候，外婆就將外套披在我的肩上了，負面情緒隨著那一股溫暖而消散。

其實內心的感受可以記憶很久，在互動的過程中，外婆並沒有特別多說什麼，可是瞭解彼此心中所想。

你有沒有類似被暖心照顧的經驗？就像〈2看得見行為背後，隱藏著互動拉扯〉分享「小孩子半夜玩遊戲不睡覺」（頁一四〇—一四五）的例子，本來在做一件有可能會被指責的事情，但是後來沒有被責罰，反而是說：「我相信你很享受玩遊戲的過程，不過好像沒注意現在時間已經晚了，應該要準備就寢了？」

當下，不但沒有被指責，而是被關心了，如果你喜歡這種感覺，有沒有可能去複製它？讓自己也成為給予同理及支持的那一方？

我們都希望被好好對待，但是我們經常忘了，當別人對我好時，我有沒有可能也用同樣關懷的方式去對待別人？在人與人的互動中，會因為這樣而讓自己感覺更好。

當外婆送外套給我的時候，我相信即便她自己也在冷風當中站了一會兒，她看到我臉上的溫暖跟滿足，心中也會感到開心。

當你的關懷用明確方式傳達出去，也被對方接受時，那個心情其實是開心、溫暖的，正如外婆看到孫女的幸福表情。

有時候尋找內心安定的能量，可以是透過自己曾經被溫暖對待或被照顧的經驗，重新回想過程中的滿足。在生活中學習複製這份滿足，讓自己也成為帶給別人關懷的角色，成為帶給別人溫暖的人。

生氣，只因渴望被尊重

試想自己被惹毛，或是被踩到底線的時候，整個人可能會像老虎被驚擾一樣發怒。當我們感到被威脅的時候，也會像刺蝟一樣，把自己的刺豎立起來，呈現作戰姿態。

很多人會說：「當時的自己真的很有事！除此之外，還可以怎麼做呢？」

大家通常只想到如何因應，而不是思考這些生氣、威脅、憤怒情緒是怎麼來的？是認為自己不應該被這樣對待？還是感覺自己受到委屈、被威脅了？甚至是因為沒有辦法完整表達自己的挫折，著急別人以偏概全、斷章取義的誤解，所以生氣？

我們要去看隱藏在背後，讓自己充滿情緒的想法到底是什麼？對於事件反應出的感覺，傳達的可能是一個信念——事情應該弄清楚，還有期待得到尊重，能被好好對待，渴望能被接納，而不是一味用指責的方式互相為難。

接著，我們也對自己的行為有所調整，期待可以做得更好，透過這樣的方式，看見彼此在互動上的調整，把潛藏的需求表達出來，讓雙方能夠更順暢地溝通。

對話往往在雙方互動的情境下，立基於彼此的表達與傾聽，可是有時候挫折往往來自於——你怎麼講，別人就是聽不懂！我們發現很多的溝通阻礙，其實就出現在這種落差，從普通的爭吵，變成情緒上的爭論。因此，當雙方處在衝突狀態的時候，就需要重新核對關係中的互動發生了什麼狀況。

舉個生活上的小例子，曾經有個社會事件是一位外送員因為等餐過程和店家起了衝突，外送員說：「我已經等很久了，而且我是依照排隊順序在等待，你卻一直讓其他人插隊。」

店家卻沒有給予適當的回應，選擇繼續忽視外送員的需求，後來還出現了情緒性的攻擊字眼，甚至用藐視與歧視的言論對待外送員，這時雙方的互動關係已經被破壞了。外送員一方面覺得既然沒有受到尊重，那我就不用再委屈自己，直接對店家表達憤怒，甚至後來還鬧上法庭。

改變說話方式，感情得以升溫

兩性關係的互動，經常也是如此。

我們希望另一半尊重自己的感受，如果對方採用忽視的方式，兩人之間的溝通便沒辦法在一致性的情況下繼續維持，最後令人感到挫折時，可能就會導致關係惡化或終止，得到「也許該來談談是不是要繼續走下去」的回應。

很多人在互動關係中，並沒有覺察到問題的根源，因為每個人都有各自習慣的溝通模式，往往不知不覺造成溝通裡的阻礙，有些人在關係裡總是無法維持良好的互動，最後常常以衝突、分手收場。

但他們沒有機會深入瞭解背後的原因，重點不是事件本身，而是怎麼去因應問題才是重點，當搞不清楚問題到底出在哪裡？便又會陷入交往、爭吵、分手的惡性循環裡。

例如今天有一對情侶，因為女方等待男方太久而感到憤怒，在一來一往的爭論中，吵出了火氣。如果重新整理溝通的方式，用真實感受做回應，也許可以說：「在等待的過程中，我一直都很擔心，每次都會猜想是什麼原因，是不是忙不過來？還是在路上發生什麼事？所以，當你遲到時，我除了不喜歡對遲到的等待之外，我也會有很多的擔心。」

對方可能會說：「就已經叫妳不要亂想了，妳自己要亂想的。」這時，我們會發現對方並沒有接收到妳的訊息。所以，如果我們清楚自己的感受和期待，便可以再次把訊息說清楚，甚至邀請對方一起嘗試新的互動模式。

例如：「我知道，因為我在乎，所以才會去想這些，我會盡量不讓自己亂想，但是你也可以發個訊息，讓我知道：『對不起，我可能會遲到，因為什麼原因……。』我就不會在等待過程中感到慌亂、猜疑。」

這就是一個互動的溝通，而不是馬上一翻兩瞪眼：「所以你就是不在乎我，那算了，以後我們都不要再約了！」

當發生爭執的時候，雙方不只是道歉而已，也要進行有效的溝通，不一定要用指責或是討好方式，也不是用理性分析的方式。

我們來看另一種對話情境：「你知道嗎？全車就等你一個人，一個人等你一分鐘，四十個人就是等你四十分鐘。」可能會讓對話更加惡化。

如果改變說法：「其實我們在等待的過程，很擔心中間過程是發生了什麼事情，為什麼你還沒有回來？」同樣的表達，對方也能清楚地接收到你的想法。

一些原本情緒可能比較暴衝的人，透過正向的溝通和因應模式，可以讓自己在互動中有所修正，也能夠避免加深誤解，引起更大的衝突。

7 你的期待，並非我的期待

抗癌鬥士的身體因生病而殘缺，連話都講不清楚了。但是當他們站上舞台，訴說著自己的故事，便讓人深感佩服，正因為勇敢才能展現出生命的堅韌。

很多情境之下，我們會給自己設定某個參考對象，例如小時候，大家會比較成績；長大了，比較工作、財富、車子，以及小孩的表現。

曾經看過一個很有趣的健康食品廣告，內容是說：你看隔壁的小明都長那麼高了，你怎麼還只是這樣子？

「比較」好像是生活中無可避免的情況，試著從自己跟別人的互動參照當中，看見自己。

不追求完美，接納自己的不完美

很多人都說不要比較、不要有差別心，但是並不容易做到。因為我們往往會受到外在條件的影響，無法只看見一個人的本質。

近幾年來，醫美之所以盛行，就是因為「比較」，明明已經是五十多歲的人了，為什麼你看起來這麼年輕？保養這麼好？包括現在大家瘋健身，除了健康因素之外，還希望站出去比別人看起來陽光、有活力、體態健美。

在人際互動裡，有時難免因個人的不足而感到挫敗，所以我們來談談如何「看見自己」，才能有新的轉念。

我們都不是完美的人，每個人都有自己的限制，舉例來說，我也想要唱好一首歌，然而怎麼唱都五音不全，但是我們可以慢慢接納自己的五音不全，進而呈現出獨特的風格。

做自己，找到心之所愛

每個人都有自己的獨特之處，不是要強調「我一定要像誰一樣」，也不一定要認同所謂的普世價值，像是「勇敢做自己」這樣的勵志名言，其實是立基於對自己的瞭解，在一番深思熟慮後，而展現出的自我樣貌。難道沒有做自己就一定是不勇敢嗎？勇敢做自己才是最好的嗎？

在日常生活中，常常因為工作或某些原因，我們反而在同理或支持對方的情境下，選擇附和別人，又或者本來就不是習慣勇敢表現自己的人，這些情況就不是做自己了嗎？答案可能沒有這麼絕對，因為做自己可以有很多不同的表現方式。

有些人會經由生活中的興趣：種植多肉植物、好好地養一隻魚、閒暇時鉤毛線……，在喜愛的事情裡面做自己，或許沒有豐功偉業，或是創造很多績效，可是他藉此把自己照顧得很好。

正所謂：「人比人，氣死人。」回到內心深處，發現自己並非萬能。當我們看見抗癌鬥士的身體因生病而殘缺，連話都講不清楚了，但是當他們站上舞台，訴說著自己的故事，便讓人深感佩服，正因為勇敢才能展現出生命的堅韌，證明獨一無二的自己，也能夠很精彩。

同樣地，如果一直在乎面容缺陷、在意無法身手矯健、耿耿於懷自己不是那麼地完美……，當我們無法接納自己時，光彩也將隨之黯淡。

當我們看見了自己和他人之間的差異，是不是可以試著看見差異裡的其他面向，發現到那些不同裡面，有自己的特色。

舉例來說，我知道自己歌聲不如人，可是我也看見除了歌聲之外，我有顆聰明的腦袋，還有一顆溫暖、關懷別人的心，這才是完全的我。這個「完全的我」裡面包含著唱歌不夠好聽的自己，而我可以接受這樣的自己。

安定心情，覺察自己真正想法

多數家長可能會有「望子成龍、望女成鳳」的盼望，這樣的期待背後，通常來自於尊嚴和安全感的渴望。

父母總是這樣想著：當小孩的未來有所成就，就表示生活無虞，有能力把自己照顧好，父母也少了一份牽掛。

馬斯洛的「需求理論」提到人有基本的生理需求、安全需求、社會性需求、自尊的需求，最後則是自我實現的需求、巔峰經驗的需求。

很多時候，我們會把這些需求放進個人身處的情境，如果在滿足需求的過程遇到阻礙時，就會感到沮喪失落，甚至出現自責。

每到農曆年節，家族聚會免不了出現「比較」行為，親戚朋友之間聊成就、聊薪水、聊子女發展和對象等等，為人父母不免相當沮喪，覺得自己的小孩比不上別人。

此時，很多父母會轉換一種想法：「只要我的孩子健健康康，有一份正當穩定的工作就好了！現在社會上單身的人這麼多，誰說走進婚姻才是幸福人生？」

如此一來，便讓自己的情緒得以放下，剛才可能是因為別人的談話氛圍，一時之間影響了心情。

可是仔細思考過後，就會得到自己的結論，發現那些都是「別人的想法」，不須為此加諸煩惱，釐清之後，就可以接納大環境的改變，尊重每個人都有自己想要的生活模式。

價值觀不同，同理不代表認同

當我們從情境中跳脫出來，回頭認識自己，突然發現一開始認同別人的想法，其實只是「希望被團體認同」、「想有一種歸屬的感覺」，可是我們並不需要附和一個自己並不認同的價值、信念。

當我們對眼前事物感到迷茫的時刻，試著穩住自己，看看這個「擔憂」所為何來，停下來，和自己對話，就會清楚是什麼帶動了自己的想法，而這個想法又怎麼牽動了我們的感受。

我想要的東西、我的期待，變成堅定的信念，我需要的是什麼？他們需要的是什麼？因此看得更清楚——他們的期待，不一定是我的期待。

一旦再次遇到類似的情境，可以不用陷入互動的焦慮或無助，與其一直想著怎麼辦，可以回到自己的心中，和自己對話。尊重別人的同時，不代表不能做自己。

一般人都會覺得遇到問題就趕快解決，有時在慌亂中，不妨先安撫自己的情緒，照顧自己的感受，每個人都需要歸屬感，我們可以決定自己想要歸屬在哪一類。

如果你是一頭獅子，千萬不要跑到狼群裡面尋求歸屬，不然只會顯得格格不入。

為自己找到合適的歸屬，同理別人不代認就是認同對方，擁有自己，也在同理中傾聽別人，這就是價值。

Chapter 3

跟自己作伴

03 暖心經驗的自我照顧

請給自己一個安靜的時刻，用自己的經驗來照顧當下的自己，試著跟自己的心靠近，告訴自己：「這陣子辛苦了！」

如果喜歡音樂，可以找個能讓自己放鬆的旋律，給自己一個陪伴。過程中，若是覺得需要時，也可以閉上眼睛，讓自己更加進入安靜的狀態。

我們想邀請你回想一下，在記憶中，一件曾經的挫折、無助，也可能是惶恐，或者是委屈、憤憤不平的經驗。

在那個情境當中，你也許曾經被一份關懷給支持，或是一個貼心的舉動，撫平了當時脆弱的自己。

還記得那一次的感動嗎？那個時候，自己的心彷彿有了希望的流動，也止住了當下陷落的心情。

1、回想一個被暖心對待的經驗：

♥ ____________________

2、給予暖心的人是？

♥ ____________________

3、對方做了什麼事？

♥ ____________________

4、這件事給你的感覺？

♥ ____________________

5、你想對他說的話？

♥ ____________________

6、如果可以，你想做一件什麼事情，來支持這個經驗？讓愛繼續傳下去！

♥ ____________________

Chapter 4

讀懂情緒，
找回獨處安定力

每個人都是在「我」、「他人」和「情境」的互動當中，一旦遇到自己都搞不定的時候，總希望有人可以陪伴，給予協助。

當我們「只有自己」的時候，仍可透過自我陪伴的力量，進而突破僵局。

1 讓我靜一靜，展現自我陪伴的力量

大部分的人都有自己習慣的生活模式，從而塑造出個人性格和因應事情的對策，在不同的情境裡，取得生活的平衡。

「讓我靜一靜吧！」我們經常在遇到煩心事時，想找一個不被打擾的地方，沉澱心情。

什麼樣的情況需要「跟自己作伴」？大部分都是在搞不定自己的時候，對吧？比如感到極大挫折時、覺得不被瞭解時、內心孤單空虛時、對未來感到迷茫時，或者是遭遇重大的事件等。

當生活裡發生不被預期或是超出負荷的狀況，會因為感到相當大的壓力，而有一段時間不想被干擾，選擇獨處，透過自己的方式來陪伴自己。

人在情境中，取得生活平衡

「人在情境中」是強調個人行為是由內在心理和外在社會因素所組成。情境會影響我們的狀態，同樣一群人在家裡、在咖啡廳，跟在辦公室的互動氛圍也會不一樣，從幾個面向來看，就是「我跟我」、「我跟人」、「我跟情境」的交錯影響。

文學上有個有趣的形容「人約黃昏後」，而不是「人約日正當中」，約會的時候會選擇不受干擾、光線合宜的地方，恰好說明情境對互動的影響。另一個影響狀態的因素是與人之間的關係，我們說跟這個人「對不對盤」，不同類型的人，當然會影響互動時的表達。

你或許看過有些人明明私底下和人互動都沒有問題，然而一旦讓他上台報告，就會頻頻出錯。

「我不行啦，只要一看到觀眾、面對鏡頭，腦袋就會一片空白。」

「你可以的！不要去看台下的人，也不要一直想著鏡頭。」就算旁人勸說，還是無法克服，這就是一個情境。這個人在充滿觀眾與鏡頭的情境裡面，無法自在做自己。

每個人在面對這些互動時，不一定都可以面面俱到、順利因應，但是大部分的人都有自己習慣的生活模式，從而塑造出個人性格和因應事情的對策，在不同情境裡，取得生活的平衡。這裡指的「平衡」是指自己在情境中面對與人互動，可以承受的負荷。

當然有人並沒有察覺自己和人互動時，所展現出來的樣貌。他們有可能是急驚風的性格，在互動過程中經常求快，行事上卻不夠縝密，便讓人感覺魯莽，不知道在急些什麼？

他們通常一味看到想要完成的任務，不去注意別人當下的感受，甚至可能也不在乎「在這個情境」之中，自己處在什麼樣的位置。腦海中只有想到：「快一點！我來不及了！」

結果，工作雖然完成了，卻也得罪人，說不定還因為「呷緊弄破碗」導致其他人要收拾殘局。

如果他們能在事件當下，靜心看見自己「著急」的特質，瞭解這種習性對自己的影響，也許就能讓自己安穩下來，緩和與他人之間的互動。

覺察自己，照顧自己第一步

人生怎麼可能會一帆風順呢？當我們遇到事情不順遂，心情難免感到低落，但不一定會把它當作是挫折。然而，有些人會將一些情緒反應定義成「負面」，因此，甚至會拒絕承認心中的感受，彷彿一旦承認了，就代表自己的失敗。

大家應該都有過這種經驗：事情沒有照著計劃走，或覺得做事卡卡的時候，內心會感到彆扭、不悅，但還不到挫折的程度，就只是覺得心情「有些不美麗」。有些人可能不會在意，讓情緒自動消退，有些人會沒來由地發洩情緒，旁人則莫名地「掃到颱風尾」，可見得每個人對於情緒強弱的感受不同，還有對於情緒的正負評價，甚至在表達及因應上都不盡相同。

瞭解情緒的第一步，便是要先懂得「覺察」（Awareness），有時候我們會吃了很多情緒的虧，因為沒有及時察覺到「現在的情緒不是很ＯＫ」，使得我們常在不知不覺間得罪了許多人。

等到哪天眾叛親離之後，才懊惱地回過頭來檢討，之前究竟怎麼一回事？但事情發展至此，恐怕又得花費一番心力去挽回、撫平別人的憤怒，還得面對修復關係時的尷尬。

因此，情緒覺察是照顧自己的第一步。想要學會怎麼跟自己相處，若是連自己為何如此，或是無法釐清自己處在什麼樣的狀況，就會常常有一種找不到自己的茫然感。

很多人想問：「到底我們要怎麼找到自己？」

「想要找到自己，得學習瞭解自己的情緒狀態，以及現在的心情是什麼？」日常生活裡有很多這樣的練習機會。

例如，原本與客戶約好了碰面的時間，但其中一方遲到了，心中覺得只是遲到一下，是可以被原諒的，然而他並不知道對方也有另外安排接續的事情，這時便有時間上的壓力。在這個情境裡，作為等待的一方，心裡面一定翻轉過無數個想法跟感受，也許會猶豫地想說：「是不是要再重約一次？」心情也可能會是：「急死人了，都已經過半小時了，為什麼還沒到？」

等待者的心中或許感到相當不耐煩：「只有他的時間是時間嗎？那我的時間算什

麼？」內心焦慮如熱鍋上的螞蟻。

如果等待者當下沒有覺察這樣的情緒反應，當遲到者在四十分鐘後終於抵達，他很可能會直接暴怒：「每次跟你約，你都遲到！」對方也許自知理虧，也許有苦衷，但在情緒滿溢的當下，雙方肯定都會感到不舒服，最後不歡而散，原本要討論的計劃也將停擺。

因此，覺察並瞭解「我怎麼了」，是一個幫助自己不至於被情緒困住的方式。

2 涵容，情緒轉換的能力

當意識到其他人的感受時，如何不讓自己被一時的情緒所操控，而能夠同理地回應，便需要有承接情緒與轉換心念的能力。

當事情不如意時，不只會感到挫折，也可能是憤怒、著急，有些人甚至出現委屈、難過。

首先要察覺自己：「我怎麼了？為什麼會有這些情緒？」事情不順利所產生的壓力會影響到情緒，因為有壓力時，胸口會有被壓制的感覺，連帶也讓人覺得掌控權受到了威脅。

期待過重，壓力隨之而來

有些人不喜歡壓力，喜歡從容、自在，希望凡事在自己的掌控之中，一旦感覺到事情偏離軌道，就會產生一些情緒。

在這樣的情境之下，如果自己被情緒所困住，便要消耗很多能量去處理、消化情緒帶來的困擾，反而讓事情停滯，帶來更多壓力。以自己為例，我在撰寫這本書的時候，對於是否能把書中概念清楚傳達給讀者，一直感到忐忑、沒有信心，從主編提議到開始收集資料，一路以來這樣的想法及不安，不時地出現，也讓我一度產生抗拒，不願意好好地面對這本書。

當我覺察到自己的狀態，就試著找出面對壓力及情緒的因應之道。之所以造成這麼大的壓力，可能是我對這一本書的期許，但是又擔心自己是否能掌握好當中的重點，中間落差就是我給自己的壓力。

當我們給自己過重的期待時，壓力也會隨之而來。在這個時候，我們要如何承接跟轉換？「涵容」是一種方法，當你抗壓、耐壓性越高的話，越能夠涵容。

涵容，聽起來好像跟包容、容忍很像，然而在心理學意義上，不僅僅侷限於忍耐。

包容跟容忍帶著一種「不知道該怎麼解決對方的情緒，但可以理解，那我就稍微委屈一下自己好了」的壓抑意味；而涵容是我們面對別人的情緒，雖然會感到不耐、煩躁、生氣，但不會把自己的情緒再傳出去影響別人，反而試著瞭解造成對方有情緒的原因，並把情緒經驗轉化成一份理解或意義，再回應對方，這時對方也會看到自己的情緒，協助他瞭解自己到底怎麼了。

老人家常說：「我走過的橋比你走過的路多。」老生常談，但也不無道理。很多時候遇到事情時，我們可以看看他們如何去面對，他們並不是不在意自己的得失，但他們更看重整個事件所造成的影響。

因為他們知道事情即便出槌，損失的不會只是自己，還有其他受到波及的人，那種無辜被影響的心情，恐怕不比自己差。當意識到其他人的感受時，如何不讓自己被一時的情緒操控，而能夠同理地回應，便需要有承接情緒與轉換心念的能力。

外在聲音，影響我們的行為

除了自己給自己的壓力之外，另外一部分是來自於別人如何回應你，很多時候自己覺得已經把事情做好了，結果得到的回饋並非如此。

我們不乏在新聞中看到哪個人因為發言不當，導致社群軟體被大批網友洗版，要求道歉等事件，在在說明除了自己的意見之外，也會受別人回應的影響。

我在演講時，也常常透過學員的回饋，來修正在課堂上傳授的課程內容，如果看到學員表現出肯定、理解的眼神或表情，我就知道這個概念確實傳達到他們的心中。可是當我在講述的過程，看到學員眼神越來越渙散、茫然，彷彿頭上出現了很多問號，我就知道這一段內容解釋得不夠完整、述說得不夠清楚。

就像在日常生活中，平常享受著媽媽煮出來的美食，某次媽媽端著飯菜說：「這是我第一次嘗試，可能做得不是很好，大家嚐嚐看！」媽媽本來覺得這一餐，大家可能不會買單，沒想到端出來之後，獲得一致好評：「好吃！」此時，心情由不確定的擔心，立刻喜上眉梢，忍不住分享她在料理的過程及心得。

覺察情緒變化，提升涵容能力

情緒的產生和變化，是一個時間軸。以觀看比賽為例，一開始，大家可能出現「期待」的情緒，期待選手們可以得到好的名次，比賽開始時，大家便轉換成「專注」，在電視機前屏氣凝神，情緒上有得分的欣喜，夾雜著失分的焦慮與懊惱，過程中感受大家是和自己一樣，緊守著勝利的期待。

因此，在我們的生活中，除了「自己跟自己相處」，還需要學習「跟別人相處」、「跟環境相處」，如果太過封閉自我，就會出現一種狀況：根本不在乎別人的想法，以自我為中心，變成一意孤行。

那麼，一意孤行的人，快樂嗎？很多人的「需要陪伴」，正是因為身邊沒有支持的機制，所以完全不在乎外界的人，真的能過得自在嗎？我相信很多人可以獨立生活，但是完全不在乎別人的看法、特立獨行的人，也阻隔了別人跟他的互動，有隔閡的關係也容易產生相處上的誤會，相信多數人都不會期待成為那個樣子。

我們常常會被別人的回應所影響，而「受別人回應所影響」這件事本身，沒有所謂的對與錯，透過別人的回應，調整行為，讓自己的行為或是表達符合當下情境，而不是只做自己想做的事，完全不在意他人的感受。經由這樣的調整而學會涵容，進而掌握情緒轉換的能力。

3 看見內心小劇場，讓情緒安在

覺察自己的情緒，以及引發情緒背後的想法，看見內心上演的「小劇場」。

調整情緒的能力，就好比是一種練功，需要反覆練習，進而讓自己隨遇而安。

覺察情緒的轉換，讓我們可以在原本不順遂或不如意的事件中，找到一個安定情緒的方式，避免糾結在沮喪、挫折或生氣、自責的情緒之中。

生活中不只有一件事情在發生，可能要一邊按捺自己的情緒，同時還要張羅其它生活大小事，或照顧家人，誰要去考試、誰要買什麼東西、公司明天要做什麼……，同時有這麼多事情都在進行著，當情緒受影響時，往往也會交互影響著當事人，導致更多的負荷，更容易帶來負面情緒。

辨識情緒，更瞭解自己

我們很常掉入自己習慣「想太快」的陷阱裡，導致自己的「小劇場」太快或過度反應。

例如：想請朋友幫忙，約定的時間到了，他卻沒有出現時，心裡馬上猜想：「一定是他覺得要幫我這件事太麻煩了，怎麼辦？我一定得罪他了！」直到朋友來之前，心情都會被這些猜想弄得七上八下，等到對方出現了，原來他只是順道去買個點心而已，和原先的猜想完全不一樣。

整件事造成內心的反應與結果，我們可以進一步思考：「當時的猜想是合理的嗎？真的一定會發生嗎？」其實不然，對方遲到其實有其它原因，我們習慣馬上解讀這件事，結果卻來個大反轉。

這就是心理學上所說的「自動化想法」或「認知扭曲」，指在一切尚未有定論之前，腦海中出現短暫、未經評估的想法。而這樣的想法，經常會讓我們在心中上演各種「小劇場」。

如果能適時在自動化想法出現時，就喊「卡！」也許進行覺察的時候，你沒有辦法立刻去改變，或是釐清狀態，可是至少在覺察的當下，情緒至少不會再鑽牛角尖，而是停在「看見事情」的那一刻。

很多人都會有這種狀況，因而造成情緒焦慮，他們會把原本只是一個小小的失誤，過度推論彷彿世界末日要來臨，讓內心的小劇場上演著一齣又一齣磨人的情節，比如說：事情絕對不會這麼容易處理、等會兒肯定會被大家罵、這事絕對沒完沒了、接下來會被老闆炒魷魚……，一邊想著各種悲慘的結局，「我一定會很慘」的念頭一直出現。

醫院裡，經常可以看到一些人的身體只是出了點小狀況，他們卻會把症狀放大，以為自己罹患重症！像是眼睛有點不舒服，就會把網路上關於黃斑部病變的症狀想了一遍，越想越符合，於是以為自己就是黃斑部病變，開始擔憂起失明的日子怎麼過？其實都是過度擔憂，甚至更嚴重到了慮病的程度。

所以，我們有時候在情緒覺察的過程當中，需要時刻提醒自己，對一些擔憂要適可而止，並且試著檢視、看見自己的想法，當有過度推論的部分，可以先轉換注意力，中斷思緒，告訴自己：「你想太多囉！」

錯過這次，下次再來！

過與不及，都不是理想的方式，需要讓自己找到狀態裡的平衡感。

就好比心中的「小劇場」裡面，除了會用一種誇大或非理性的思維模式，另外還有一些人會覺得「如果不是這樣的話，就完全不行了」的想像，例如：「如果沒有考上台大，未來就沒希望了！」事實上，沒有考上台大，還可以上其他的學校；這次甄選沒上，還有後續的考試，雖然很辛苦，得再努力一段時間，但不代表永遠就沒有機會。

當人生遇到困境時，我們要告訴自己：「這次錯過雖然可惜，但沒關係，下次再來！」讓自己跨過這道「檻」，當然，不管是哪一種心中「小劇場」，其實都是某一部分思緒產生偏頗。有些人容易悲觀，很多事情只看到「不好的」面向，此時可以提醒自己，多看一下「好的」那一面。

很多人都會說：「你看！頭髮都白了，我越來越老了，還是一事無成。」只看到沒有成就的自己，為何沒有看到人生的經驗越來越豐富了呢？以前做事不懂規劃，現在知道事情的分寸；以前投資都是一股腦兒把錢丟進去，後來學會理財、做功課。

你會發現，對事情的體會越來越深刻、細膩、周全，過往曾有的挫敗經歷，都是在幫助成長，豐富我們的人生履歷。但是在還沒有整理之前，我們很容易就用負面的結果來看待，而忽視經驗的提升。

學著看見事情的不同面向，例如以前只關注——自己老了、白頭髮多出幾根、魚尾紋越來越深、體力越來越不好……，現在可以選擇留意——經驗越來越多，對事情的看法越來越成熟了，這些都是在重新整理自己的時候，慢慢發現的驚喜。

調整心態，隨遇而安

這裡再舉個例子，媽媽做了一桌料理給家人享用，看著一桌飯菜覺得一定很好吃，沒想到不只公婆嫌、老公嫌，甚至連孩子都嫌棄，此時媽媽的心情會如何？心情是不是跌進谷底了，也許還會感到自責，也許會質疑自己的手藝，整晚的心情就一直迴盪在沮喪中。

假設媽媽一開始很清楚知道自己在期待家人們的回饋，並告訴自己：「對於今天這道菜，雖然期待家人會喜歡，但畢竟是新口味……。」這個提醒會讓自己清楚地把期待及現實得到評價區別開來，同時客觀知道家人的嫌棄反應是可能的結果之一。有一點像是先做好心理建設，所以重點在於怎麼看待回應，並且瞭解它只是整體的一部分，而非代表所有的一切。所以菜好不好吃，和這個人好不好，不會是等號。

當你只把焦點放在期待，而沒有和實際情境連結，就只會期待得到的是讚美跟肯定，等回到現實情況，那種落差反而讓自己一時之間無法承接。

如果此時讓自己回到期待的原點，就可以調整心態，知道得到的任何回應都不過是一種期待的發生，好吃也是一種回應，不好吃也是一種回應，甜是一種回應，鹹也是一種回應，就可以讓自己能夠接受更不一樣的答案。

內心安定的人，會習慣於覺察自己的情緒，以及引發情緒背後的想法，看見自己內心上演的「小劇場」。調整情緒的能力，就好比是一種練功，需要反覆練習，才能隨時知道自己的變化、想法和感受，進而隨遇而安。

盡力就沒有遺憾，至少我努力過

再舉「東京奧運」的例子，我們的選手這次都有相當優異的表現，很多項目也都進入八強、四強，甚至金牌戰。全民瘋東奧的熱血，也為防疫的苦悶增添了一些活力。

觀看運動賽事，每一場比賽都是選手們經年累月的嚴格訓練所展現的成果，但在比賽正式開始時，選手們卻面臨許多不可控的因素，臨場反應、分數壓力，還有對手實力等，都牽動著比賽的結果。戴資穎對戰中國選手的金牌賽，帶大家進入賽事的高潮，比數在些微的差距來回拉扯，最後以戴資穎拿到銀牌，結束了這場精彩賽事。

那個晚上，許多人帶著遺憾、失落，雖然知道這場「世界第一」對「世界第二」的球賽，本來就會是很艱鉅的比賽，但大家還是抱持滿滿期待，因此還是會令人沮喪，而最難過的，當然是小戴自己了。

後來，她自己提到：「比賽結束當下，連獎牌都不想看一眼，後來想想這一切是多麼不容易，有多少人幫忙，才可以得到這面獎牌。」之後才又轉念，露出笑容上台接受頒獎，最後告訴自己：「盡力了就沒有遺憾，至少我努力過。」

網路上也有許多支持和鼓勵的話，戴資穎也說：「運動員要學會面對挫敗的心理，就是輸了一次又一次，還不斷繼續努力，如果連自己都放棄，誰也幫不了你。」

我們看到了運動員在面對賽事的落敗時，一定會有挫折感、憤怒、難過等情緒，這是相當自然的事情，但對於回到比賽的本質，原本就會是有輸有贏，那種對於自己情緒的承接及轉換，更值得我們敬佩及學習。

4 停看聽，避免情緒一再踩紅線

辨識情緒，也可以幫忙我們更懂得自己。懂了之後，就可以有一個選擇：「下一次還要不要這樣子來因應？」

當自己覺察到情緒之後，就知道現在的心情有一點點受到影響，可能是焦躁、挫折，或是有一點點沮喪，及時覺察之後，接著就是辨識。

比如在覺察之後，發現當下的心情很亂，這個「亂」是什麼？「亂」只是一個形容心情的狀態，它是區分情緒的本質是什麼，所謂的「很亂」來自於壓力，是焦慮、焦躁不安？還是挫折、沮喪、不高興、不愉快、憤怒等等，這些情緒的字眼可能只有些微差距，但是細分下去就有很大的差別。

辨識情緒，真實面對內在聲音

覺察情緒之後，再去辨識情緒，才能做好釐清的動作。譬如有一個人獨自在哭泣，難過的背後情緒是什麼？他的哭泣若不只是悲傷，裡面可能還包含了委屈、壓力、自憐自艾等等。

情緒辨識的過程，必須真實面對內在的聲音，避免分散過多的注意力。資訊爆炸的時代，現代人手機一滑、劇一追，很容易就忘了剛剛發生的事，於是乎彷彿就沒事了。

某些時候，藉由這種方式來轉換情緒也是可以，喊停之後，自己的注意力跟著轉移了，情緒多少會隨著注意力的轉移，而有不一樣的變化。

如果我們可以辨識情緒，避免以後再次遇到類似的狀況，讓自己又陷入同樣的情緒裡，不只如此，辨識情緒也可以幫忙我們更懂得自己，懂了之後，就可以有一個選擇：「下一次還要不要這樣子來因應？」

當情境再現，焦慮又起時，就會告訴自己，上一次已經有先做自我提醒，當我在焦慮的時候，事情往往不一定是按照所想的事態發展，可以不用那麼快下定論。

透過自我的覺察、辨識之後，下一次當焦慮出來的時候，就可以學會：「我只要調整我的想法」或「調整這個期待的過程，好像可以讓自己好過一點」，接下來就可以比較專注地做手上的事情。

所以要去看見自己的情緒，然後去辨識、區分它。

辨識情境角色，看見值得參考的意見

情緒的辨識，除了來自於本身對想法及感受的辨識外，另外也要對情境及事情本身的辨識。

舉例來說：接收到「菜煮得不好吃」的訊息，心情不好，除了看見自己的心情之外，也看見大家對於菜色評價背後的原因為何？

「有人覺得太鹹？有人覺得太油？我又要如何在你們的口味之間，炒出一道不鹹又不油的菜餚？」如果是這樣子想的話，就是回到改變自己。可是今天我要怎麼去面對別人的評價？要回到我對情境的判斷跟辨識，剛剛是講「對自我情緒的辨識」，現在要回到「對情境的辨識」。

在新聞議題上，兩岸互動一直就有著相當微妙的攻防及用語，中國國台辦因不滿台灣疫情指揮中心指揮官陳時中部長稱台灣核酸檢測採檢較準，費用較中國貴，於是在記者會用「那位先生」稱呼陳時中部長，新聞記者便好奇陳部長的回應會是什麼？

結果陳部長只回了一句：「那位先生沒有回應。」讓許多人紛紛表示部長的高EQ！

如果我們懂得辨識自己在這個情境當中的位置，就像是看見自己在情境中的「角色位置」，在人際互動的角色裡，我們有著自己、別人及情境中對於角色的期待，也許就會知道什麼是重要，並值得認真參考的意見。

假如做了一個甜點，拿去跟朋友分享，他們卻說：「這個太硬了、味道不夠到位。」我們要把這句話放在心裡面很久嗎？當然不會，可能還會對朋友開玩笑說：「有得吃還嫌，下次就不要再做給你們了！」

但是家人是我們最在乎的人，如果得到不好的回饋，就會影響我們很久很久，反而會說：「趕快跟我說哪裡要注意一下，看看還要加一點什麼讓味道更好！」便是因為角色不同而有著不同反應。

從以上情緒覺察、辨識，以及理解，進而瞭解到我們的反應，整理之後，會有一個新的看見，期望以後的發展再去做調整，就會回到對自己的期待上。

5 關係的傷，情緒記得

當我們在一段關係裡感到孤獨，可能會找不到途徑突破自我，也不知道現在身處何地。

於是，內心會想要得到一份認同與歸屬，找到一份關係的連結，至少是和自己內心的連結。

如果只是短短一兩個小時內發生的事情，很容易回想發生的開始、經過、結果。若把時間拉長，可能是一個月、一年，那又是另一種情境了，比如說「關係」。

我們之間出了什麼問題？

「我們的關係什麼時候變得這麼冷漠？」

「以前你不是都對我很好嗎？」

「是什麼時候開始變了？什麼時候你不再愛我了？」情侶之間若是遇到爭吵，這幾句是最容易出現的疑問。

想要釐清兩人之間的關係到底出了什麼問題，卻無法在一時之間就找到問題根源，因為已經過了太久了，一段關係不像是一個事件，容易找到衝突點去處理，而是慢慢累積及轉化而成，最後因為大大小小的衝突矛盾，導致兩人從「無話不談」到「無話可說」，最後形同陌路，甚至決裂、相互攻擊。

有時候在關係的互動當中，並不容易冷靜地看待當中的糾結，因為「關係」摻雜了「人的情感」，所以事情才會變得複雜。

同樣地，我們也沒辦法完全理解別人的想法，所以在一段「關係」中，自己只是互動的其中一方，另外一方並不是我們所能夠掌握的，而這裡談到的「關係」不侷限於親密關係。

不被瞭解的孤獨，像玫瑰帶著刺

有些時候，你會想要自己獨處，往往是在不被瞭解的時候。這個「不被瞭解」，有另一個概念就是找不到認同、得不到歸屬感。

明明旁邊都是人，還是覺得自己格格不入，融入不了這個場合，也意識到好像對自己感到迷惘了，自己好像是多餘的，沒有存在感，沒有自己的角色。

不被瞭解的時候，當下的自己會是怎樣的心情？這時情緒狀態有些微的不安、惶恐、焦慮，甚至可能會變成憤怒、退縮、畏懼、具攻擊性，人在受傷或感到脆弱時，可能會有兩種反應，一種是築起一道牆把自己關起來，另一種武裝自己，隨時發動攻擊。

有人說，會去攻擊別人的人，內心其實是脆弱的，例如在溝通互動模式中，指責型的人，他的內在其實是缺乏自信、怯懦、低自我價值、缺乏控制、無助、自我感覺微弱，對什麼事情都不滿意，什麼都可以拿來批評，他不一定是故意要破壞，也許認為：「只有這樣，才可以展現自己強勢的一面！」同時掩飾受傷的心。

在孤獨關係裡，接納自己

講到關係這個部分，就會提到所謂的「歸屬」與「認同」。

我們不被瞭解的時候，感受到的是孤單，是因為我們在情境當中、在關係裡面，沒有得到歸屬感與認同感。人可以獨處享受孤獨，但同時也需要得到認同感或是歸屬感，例如在職場中，認同感常常是來自於上司或是同事之間的肯定、讚賞。

很多人和長官應對掌握得很好，長官很賞識他，可是和同事之間的相處，卻不一定得到同樣的接納，同事不見得喜歡這樣的人，他便可能被同事排除在外。

除此之外，還有一些在關係裡的孤獨情況，例如：找不到人陪伴，或者沒人懂你、找不到懂的人分享心情、得不到別人的在乎，也可能是在陌生環境裡的孤獨，周圍都是不熟悉的事物、語言、文化。

這些都讓我們在一段關係裡感到孤獨，孤單的自己可能會找不到途徑去突破自我，也不知道現在身處何地，心中會想要得到一份認同與歸屬，找到一份關係的連結，至少是和自己內心的連結。

當在團體中沒有被認同、在關係裡面找不到歸屬時，就只能回到獨自的天地，但要怎麼跟自己相處呢？當環境沒有辦法改變，那我們還可以如何走得安穩，至少不要讓自己被推倒？怎麼在受困的情境裡，還可以找到自己？

「那些打我不倒的，將使我更堅強。」可以用一句激勵自己的話來當成一份認同，從中慢慢找回自己想要的感覺或者渴望的期待，不要因為不被瞭解，找不到認同的人或找不到歸屬的感覺，就讓自己沉淪，隨波逐流。

在孤獨裡，找到豐富自我

「打我不倒的」可能來自外在的環境，也可能是自己內在要克服的脆弱，內心就會有一個力量跑出來，但這個力量怎麼找？很多人其實會想逃避和自己對話，所以越是孤單，越不想面對自己，但也因此越覺得心慌。

所以，面對孤獨的「態度」便很重要，我們說過「孤獨」有時是美好的，它可以為一個人帶來沉靜，也激發很多的創作力，甚至在孤獨裡更找到豐富的自我。

如何將「找回自己」視為一種練習，甚至是低落時的一種習慣？接納此刻的心慌，就是一種態度，也是首要工作，在找到可以「改變」的方法或機會之前，先接受自己的狀態，可能是無助、無望，或是力不從心。

很多人會擔心，一旦接納了自己的不完美，會不會真的讓自己就被認定是這麼糟？其實不然，自我接納正是趁機讓自己看見：「即便現在如此低落、失意、孤單，但我還是我。」試著感受那個失意的自己、沮喪的自己、孤單的自己，甚至是對未來無望的自己。

唯有解開情緒上面的傷，關係才有重新開展的機會。靠近那些心情的同時，也開啟了和自己對話的空間，同時給予一句話來貼近自己，看見隨著自我接納的態度展現，而能從關係的孤單裡，找到一份自我陪伴的力量。

6 從遺棄的孤單裡，走出「心境界」

當你的狀態不同時，看待事情的角度也不同。就像從谷底爬起的人，總是會說出感謝路上跌的那一跤，讓我得以重新出發，甚至跳得更高。

有些人的孤單是在生命陷落時，原本預期應該得到的支持，結果卻被最親近的人拋棄了。

曾經聽過有一位癌友分享，因為罹癌影響生育，所以被夫家批判、嫌棄，甚至離婚等，此時正是癌友最需要有人陪伴，提供心理支持的時候，沒料到竟是最親的人把自己拋下。

另外一種狀況是不被瞭解的時候，明明已經很努力了，卻還是得不到認可，甚至刻意討好別人，仍舊沒有辦法得到別人的接納，無法融入所在的團體裡。例如在一個辦公室中，大家的互動相當冷漠，儘管努力活絡氣氛，大家仍然各自上著自己的班，一下班就走人，彼此不多話，找不到歸屬感，這也是一種孤單的狀況。

復原力，得到反彈的力量

如果彼此關係良好，工作很忙的時候大家各忙各的，心中不會有被冷落的感覺，還會說：「加油！趕快專心趕工。」那時候即便是孤軍奮戰，心裡還是跟大家在一起。因為大家彼此都在忙，而非故意將你排除在外，所以在心理層面而言，大家還是在一起，他們沒有遺棄你，你孤獨，但並不孤單。

可是有另一種情況是不管忙不忙，大家都不會去管別人，各做各的事，那就不一樣了，那種情境下就真的是一種不被瞭解、沒有歸屬的孤單。偏偏這種互動型態不是一時半刻就可以改變，好像只能一直孤單下去，除非有一個新的契機點，引發大家的興趣，開始塑造友善的互動環境。

孤單時，也許我們可以問一下自己：「在這樣的情境裡，怎麼安放自己的心情？」改變自己的想法，找到另一個出口，轉換孤單的感覺，變成有意義的追尋，也是一種方式。

另種方式則是我們一直在說的：在生活中轉換自己，亦即做一點點小小的改變，有些人說：「如果你都等著別人給你微笑，永遠只是在等待；可是當你先給別人一個微笑時，通常也會得到對方給你的微笑。」有沒有可能我們主動釋出善意或是表達想法，透過改變，得到一種自我轉化？

也許情境沒有改變太多，但當你的狀態不同時，看待事情的角度也不同，就像從谷底爬起的人，總是會說出感謝路上跌的那一跤，讓我得以重新出發，甚至跳得更高。

這便是我們說的「復原力」或者「韌力」的概念，在孤獨時找到讓自己反彈的力量，管它是柳暗花明，或是回首也無風雨也無晴，總是走出自己的「心境界」了。

即使只是微笑，也是一個改變

有些人的孤獨來自於本身不知道如何表達自己，或是存在感比較低，他們往往會有孤獨感跟不被理解的感受，造成這種情景也可能是環環相扣。

他們本身也許比較自卑，結果就越不敢表達自己，而越不表達自己，別人就越難理解他們，然後就會跟他們的距離越來越遠，於是就產生了當事人被孤立的狀態，有時在整個事情當中，所謂的「委屈」也常常是如此。

「你們都沒有看到我的努力嗎？」、「你都沒有看到我對你的用心嗎？」字字句句都在訴說著委屈，然而當我們換另一種方式去表達自我時，可能狀況又會不一樣了：「我其實很期待你能夠感受到我對你的付出。」、「我其實很希望你能夠看到，雖然我還是沒有做好，可是在這個過程當中，我有用心、有試圖努力。」透過改變，讓自己被看見，也就是把行動力放在轉變自己上，而不再是自怨自艾，抱怨為什麼努力了卻沒被看見。

看見自己的需求，表達內心的想法，改變溝通的經驗，試著和別人產生一種互動，也就能找到轉換的力量。這個過程有一個重點在於「行動」，「做」便是一個改變，微笑也是一個改變，當世界不瞭解你時，微笑是你最直接可以讓人認識的方式。

另外一個增加和人互動的方式，是主動幫助別人。行善是和外在世界建立連結最直接有效的方法了，而助人本身也會帶來心情的愉悅。別人不瞭解你，我就自己敞開心門去接納世界，告訴你，我在這裡，我是個什麼樣的人。

有些人會擔心別人怎麼看待他，覺得不夠安全，所以不敢表達自己，如果我們從另一個觀點來問他們：「現在的孤單、不被瞭解，難道就感覺很安全嗎？」也許他們會發現，其實這是另外一種不安全。

所以，如果可以，試著去表達自己的想法和感受：「我其實希望你能夠怎麼樣……。」、或是「我覺得被誤解了、受傷了……。」主動打破與他人之間的隔閡，讓自己不再陷入無端的孤獨之中。

這些感受，我才不買單！

當然在人際互動的壓力中，有些話不是那麼容易就講得出來，尤其當對方根本不接受時，那種不被瞭解的感受還可能讓自己更受傷，又增加了一種孤單的感覺。

明明先付出了，卻得不到回應，反而讓自己受傷，總是讓自己處在渴望得到回應的情境當中，有時候都會覺得自己的價值感已經大打折扣了，不斷卑微地反問自己：

「我在乎的是什麼？我不需要你給我太多，但至少理我一下，不要讓我覺得都是我在付出……。」想不透，只是單純想要得到一份認同、想要得到歸屬的感覺，為什麼卻讓自己變得更委屈？

這時我們要反過來為自己做一點事情，但要怎麼做呢？就是試著照顧自己的感覺，而不是一直在回應與失落之間反覆糾結。當然我們仍然可以繼續嘗試表達自己的想法、感受和期待。

除此之外，還可以瞭解對方到底需要的是什麼？重新核對調整，我還可以做什麼？在自己適度的範圍內，再試一次。

正如同可以選擇再次表達自己，那麼也可以選擇要不要接受某種負面感受。在跟自己作伴的時候，可以告訴自己：「我仍然擁有對於感受的選擇權，有些感受我不買單！」

舉個例子來說，東京奧運全國瘋狂為戴資穎的金牌賽加油，雖然最後沒能拿到金牌，但大家也被小戴在場上的奮力表現和精彩球技撼動著，某位網友卻在戴資穎的社群網站上留言，批評她在比賽時的失誤。

收到這樣的訊息，當然會讓當事人的情緒受到影響，但我們可以看到小戴選擇不買單，她直接回應：「站在場上的不是你，覺得我失誤太多，可以不要看我打球。」接著，她也告訴粉絲們，面對這樣不友善的訊息，「我並沒有放在心上。」多麼真實自信的回應！

再舉個生活上的小例子，社群網站、聊天軟體當道的現在，很多人都會被訊息的「已讀不回」影響，渴望可以得到回應，然而我們在面對「已讀不回」時，仍然可以保有一份對自己的照顧：選擇繼續讓失落的情緒影響？還是直接把人拉進黑名單，放過自己？

7 迷茫、焦慮又空虛？找到自己的人生指南

人到了這個時候，問題已經不再是「我以前做了什麼？」而是要去尋找活著的意義，要去找曾經的價值，找到這麼做的意義，找回初衷。

在一個夜深人靜的夜晚，心突然揪了一下，頓時孤獨的情緒湧了上來。

明明家裡還有其他人，彷彿有一道透明牆把自己隔絕在一個空間裡，這種孤獨感是突然湧現，一時之間找不到自我的存在感。

忙啊忙，未來在哪裡？

拜科技所賜，現代人手機一滑，馬上就可以跟人連結了。

可是你有沒有曾經打開手機，點進LINE的帳號裡，來回刷著一則則的訊息，心中卻空蕩蕩的，好像很多的訊息也就是打屁聊天，真正想要找人說話時，發現沒有一個人可以訴說，突然覺得有一種孤單的感覺，一整排的聯絡人，卻找不到一個人去講心裡話。

所以，我們想要轉移注意力很容易，問題是注意力轉移之後，該怎麼回到自己的內心世界？又如何重新踏穩腳步，再繼續往前走？

即使改變自己，暫時委屈自己討好身邊的人、討好那段關係，之後會不會再出現對自己質疑的狀況呢？關係有一點點變好了，然後呢？還是沒有在那份關係找到想要的安全感，不斷檢視的結果，讓自己產生更多的茫然。

是否曾經有過一種感覺，每天做著同樣的事情，忙著忙著，有一天突然問自己：「這樣忙的意義是什麼？」也許這是跟自己最靠近的時候，或是也覺得好像連自己都對自己感到陌生，彷彿長久以來把自己遺落了。

當然大部分的時候，我們可能毫無懸念，直接投入生活及工作的繁忙當中，因為這是自己的興趣、生活或專業，可是會不會在某一個時刻，停下來問自己：「所以呢？我要一直這樣子下去嗎？我的生活就這樣子一成不變嗎？」突然間，感覺未來的路被迷霧給遮住了，不曉得該往哪裡去，卻又沒有勇氣跨出舒適圈。

有一些人在功成名就時，反而說：「但是我弄丟了原本的自己。」記得曾經看過一個故事，有個很有名的商人，生意做得很成功，擁有足夠的財富去買任何想要的東西，物質上面的生活，已經完全不虞匱乏，甚至有錢到可以影響周遭的人事異動，錢財帶來權力享受，卻無法填補內心的空虛，再也沒有讓他感到興奮的事物。

直到年老之時，在偶然之間，得到了一件禮物，是小時候玩過的玩具木馬。他感動地拿著木馬，因為木馬帶給他的感覺已經不是多少錢，也不是事業叱吒風雲幾十年比得上的，而是感受到童年時期的那一份純真，以及單純的快樂。

所以，在看到小木馬出現的那個剎那，透過回憶和曾經的自己接軌，突然覺得不再空虛了。

只看見失去與犧牲，讓自己陷入迷惘

「我做這些的目的跟意義在哪裡？」我們在某一個時刻突然靜下來，看見什麼才是自己真正想要的？這時候要幫自己做一點整理，在整理的過程中，重新建構自己、探索自己，再去表達、轉換或是改變。

「以前堅守的價值信念，現在還是一樣嗎？」比如說，我們努力寫出一本好書，透過書帶給別人正向的力量，創造一些美好，甚至如果書中有一句話可以鼓勵到別人，這是一件相當美好的事情。所以，我們也一直朝著這樣的目標與方向前進。

可是，當自己把所有時間、精力都投注在當中時，便會開始思考，難道生活裡就只有這樣的事情嗎？此時停下來，整理一下，再給自己一個答案，如果是肯定的，那就繼續往前；如果有些懷疑，那就修整一下，再繼續前進。

我們很佩服一些人，譬如科學家在某一個領域研究了幾十年，當一個人堅持一直做某件事情，最後終於做出來的時候，其實相當令人感動，因為他一定花費了很多功夫，或是曾經付出了一些代價，甚至犧牲了某些東西，才得以造就現在。

相反地，如果在過程中，找不到意義感，只有看見自己的犧牲，看見自己的失去，比如說雖然寫了文章，出了書，但是卻一直掛著犧牲了跟家人相處的時間，失去了和朋友聚會的機會等等，當負面的情緒出來之後，可能還陷在那份失落，便會開始更加迷惘，找不到當初投入工作的意義了。

找到曾經的價值，找回忙碌的初衷

早年我在安寧病房服務時，每天早出晚歸，雖然累但也從中收穫滿滿，每天晚上拖著一身疲憊回家，洗完澡上床一躺就睡著了，隔天早上又趕快整裝出門，當然會有做不完工作的壓力，可是在忙碌的過程中，又會覺得至少是在做一件自己覺得有意義的事。

我陪伴很多人、很多家庭在善終的過程，得以對死亡有不同的看見跟體會，即便當時累到臉上還長滿痘子，還是覺得這一切都是值得的。當家人提醒我要注意身體，我還開玩笑說：「沒關係，我的工作又不靠臉，花就花吧！」

忙到有一天，突然感覺自己是不是應該停一下，當然我沒有否認自己的努力跟付出，可是總會有突然出現的聲音，覺得需要重新安排一下生活裡的重心，而不是把全部的自己都交給工作。那時心裡就會反覆問著自己：「雖然這份工作很有意義，但這麼忙的生活是我想要的嗎？」人總是在某一個時候，或在忙碌到一個段落之後，重新回頭檢視才注意到自己。

其實人生最遺憾的，莫過於忙了一輩子之後，在最後時刻，突然發現過去的忙找不到任何意義。在安寧病房裡陪著病人走向臨終，面對類似的感受最為深刻了，聽著他們講著自己的生命經驗，很多人都會感慨說：「我忙了一輩子，最後剩下的只有這一身病了。」

人到了這個時候，問題已經不再是「我以前做了什麼事？」而是要去尋找活著的意義，要去找曾經的價值，找到這麼做的意義，找回初衷。

孤單，竟比海上日子難熬？

我有個病人是遠洋船員，因為船員的薪水還不錯，他想就是辛苦個幾年，等存夠錢之後安定下來，回到居住的城市找個穩定的工作，跟家人享受天倫之樂，不用每天在大海中起落浮沉。

所以，支撐著他出遠洋的信念就是：「每天的辛苦工作，為的是有一天，我的小孩、家人能夠得到好的生活。」這也是很多異地工作者的心聲。

二十幾歲的時候，他抱著這樣子的願景努力在大海中拚搏，隨著小孩的出生，他無法陪在孩子身邊長大，靠著當時不發達的通訊，好不容易船靠岸了，他趕緊用公用電話打電話回家，接電話的是認不出爸爸的孩子。

因為孩子從來沒有看過他，從〇歲到三歲，身邊都是沒有爸爸的陪伴，等到爸爸回來時，別人告訴孩子：「這個人是你爸爸。」那是一種很遠很生疏的感覺，當然他跟小孩子之間就難以親近。

十幾年的船員生活終於告一段落，等到回家時，他卻跟家人沒什麼話可講，跟小孩也找不到話題可以聊，太太在丈夫跑船的這幾年，全力扛起家裡的大小事，照顧小孩，服侍婆婆，所以心中有著滿滿的埋怨：「我嫁你真是嫁錯了！」當時他心裡想說，十幾年來聚少離多，大家還不習慣，可能過一陣子就好了。猜猜看，過一段時間，他們之間的關係有變好嗎？

答案是沒有。他在心中不斷安慰自己：「沒關係，孩子還小不懂事，等到小孩長大之後，他們就會體諒爸爸的犧牲跟辛苦了。」然而，當孩子長大些了，有真的懂嗎？也沒有，親子關係保持著友善但不緊密的互動。

孤單的感覺，竟然比他在海上抱著夢想的那些日子，還令他難熬。

轉念，重新找回自己

後來，他生病了，他想：「至少太太、小孩會感念以前為家裡的付出，應該會來照顧我吧！」

沒有想到的是，小孩確實來看他了，但是太太就是不願意前來，他心裡給自己一個理由：「難免啦，她的個性就是這樣，也許最後一眼有看到她，取得她的諒解就好了。」只是到最後一刻，太太依舊沒有出現。

這是令我很感慨的故事，在漫漫歲月中，他可能一直抱持著某一個想法支撐、安慰自己，直到最後一刻，他的夢想還是沒有成真。但是，他至少俯仰無愧，無愧於這個家、無愧於自己。雖然最後還是帶有遺憾，但是這幾十年來，他也都在自己的夢想裡面，用希望支撐著他。這位船員一直到臨終前，還在期待太太的出現，我們只能跟他說：「太太正在趕來的路上……。」

有時候事情走到一個盡頭，再回頭來看，讓人感覺一切都好不值得，譬如一段感情，走了幾年，突然之間說斷就斷，過去所有的付出好像都白費力氣了。

以前忍受的委屈或是付出，是因為相信會有個美好的未來，當這個信念被摧毀了，突如其來的變化，就像是把自己抛出了原有的世界。

在這個迷茫、焦慮又空虛的時刻，該如何找到自己的人生指南？唯有轉念，並且看見過往付出的意義，才有機會找回自己，找回最初信守的價值，人生這條長路，也就能夠走得不孤獨。

8 也許孤獨，但不心慌！

「我為誰忙碌？為誰煩？到底為了什麼，做這些事情？」就這樣，在句句的自我提問裡，開始找尋「我」。要活出不同的自我之前，就得透過自己去「看見」、整理過去的自己。

我們在關係、工作中都是要付出的，我們付出了很多，但是突然之間，從另外一個角度來看，卻又好像變成不堪回首。

這時候往往不想再和外界有所接觸，只想好好靜下來，給自己一個清靜的、不受干擾的空間，也許是開始自我對話，也許是讓情緒宣洩，大肆哭上一回。

在「忙碌」裡面，遺失了自己

當一件事走到結局時，發現不如己意，也沒有轉圜的餘地，那種天地悠悠的悵然，孤獨感最是深刻。當我們試著轉換心念，雖然不一定要認命接受現實，但終究還是要回到跟自己的對話，重新整理自己。

我不再是之前的「我」，以前的信念、期待、價值都不用再提了，重新開始找到新的信念、期待、價值，以及新的「我」。

有一些人就是如此，忙了大半輩子之後，突然說：「我到底為誰忙？為誰煩？」回頭才說：「我要找自己。」於是放下原本的事業，重新開始經營人生的下半場，原本的價值、信念轉變了，想要重新開始活出不同的樣貌。

想要活出不同的自我之前，得透過自己去「看見」、去整理，但要整理哪些東西？整理自己的經驗、心情，也可以重新看看自己曾有的夢想，當初選擇這個專業、這個職業或這個對象的時候，你的想法是什麼？這就是所謂的「回到初衷」。

這時候我們便會看到不同的視角，就是從不同的面向、不同的視角去看自己。

為什麼要從不同的視角看自己？因為從不同的視角，就可以重新選擇，在你舊有的模式當中，什麼讓你覺得煩了、膩了、倦了、空了，這些感覺出來的時候，自己又處在什麼樣的位子、什麼角色裡？讓你不知不覺地偏離了當時的初衷，在「忙碌」裡面遺失了自己，也弄亂了生活的節奏。

尋找自我，需要回到過去找自己

「我為誰忙碌？為誰煩？到底為了什麼，做這些事情？」就這樣，在句句的自我提問裡，開始找尋「我」。

要找「我」的時候，就必須透過整理情緒、整理過去對這件事情的看法，甚至是期待。我們可以用第三者的角度，代入當初的自己，試問：怎麼變成今天這個樣子的？哪一些是你珍惜的？哪一些是你放不掉的？哪一些又是你不喜歡的？哪一些是這個過程中獲得的？哪一些又是你失落的？

慢慢地，開始會有好多的一問一答出現，在這些問答之中，你的視角不再只是舊有的自己，而是要用不同的視角來看，因為十年前的你跟現在的你，不再是一樣了，看事情的角度也不一樣了，如果再一次的話，你會怎麼選擇？

從「忙」、「空」，走到「重新整理」，再從重新整理當中，重新看見了「不同的視角」，視角當中就有一個「選擇」，例如：我還要這樣嗎？還是要改變？如果依然繼續選擇待在原本的狀態之中，是不是因為看到不同的意義性、價值性，即使是再給自己一次機會，這些還是我的意義跟價值？

很多人會在做選擇時，放棄這樣的機會，之所以沒有選擇，是因為在選擇當下，也連帶必須選擇隨之而來的責任。但很多人只想做當下令自己快樂的選擇，而不想承擔起責任，例如很多人在購物時，一時之間衝動消費，卻沒有計算後面的帳單是否會擠壓到日常開銷，最後，不但後悔買了一堆用不著的東西，還連累接下來幾個月的生活品質。

如果不用考慮太多後果，現在也可以選擇不要上班，天氣那麼好，雖然冷了一點，但沒有下雨，可以去郊外風光明媚的地方走走逛逛！

因此，在選擇的過程當中，同時承擔起應該負的責任，才是好的方式。

我承擔了，也努力過了！

很多人的「空虛」也許來自於該負責的時候，卻不想要負責的結果。

大家有沒有發現，當忙得起勁的時候，反而不空虛，而是感到紮實。

比如說一間亂糟糟的房間，明明知道應該要整理它，可是寧願讓它亂，這是自己的選擇，就要承擔無法擁有乾淨、舒爽的空間。

如果把原本喝下午茶的時間拿來好好地整理一番，雖然一時會感到可惜，但相信心中對於整理後的房間，散發清新爽朗的感覺，心情連帶著也亮麗了起來，可能比喝下午茶還令人愉快！

總之，當你很茫然、很空虛的時候，這個時候可以從經驗、想法當中，試著整理自己，在整理的過程用不同的視角看見自己。

透過不同視角重新看待自己的時候，同時也可以再一次的選擇，給自己一個問句：「我要用什麼樣的心情、什麼樣的態度來面對這件事情？」在選擇的過程當中，很重要的部分是：「面對這樣的決定，我的責任在哪裡？」

不是每個人都「做著自己高興的事情」，但是我們總是「做著自己當下覺得值得的事情」，所以，即使最後事與願違，還能告訴自己：我承擔了，也努力過了！

我們也許孤獨，但是絕不心慌。

04 自我冥想呼吸法

我們常說：「人在情境中。」此時，感受一下自己在情境當中，用感官來經驗自己的感受，並聆聽內在的聲音，找回獨處時的安定力。

◆步驟一：在一個熟悉的空間，找一個安靜不被打擾的位子。

給自己五到十分鐘的時間，來做這個練習。

◆步驟二：找一個自己覺得自在的方式，舒服地坐著。

試著做幾次自然的呼吸。所謂自然的呼吸，就是試著讓「這一次的呼吸」和「上一次的呼吸」是一樣的頻率，直到感覺呼吸裡沒有負擔，能夠自然輕鬆地安放自己的心。

如果你喜歡，這個過程也可以讓自己先閉一下眼睛，安靜下來。

◆步驟三：接著，試著靜靜地、慢慢地環顧一下所在的房間。

眼睛所看到的物品，此時都安穩地擺放在空間裡，只需要逐一地環視它們，然後，慢慢地將視線挪到感興趣的一件物品上。觀察它所在的位置，注意這件物品的外觀、形狀、顏色，將注意力集中在這件物品最吸引你的部分，靜靜地注視這個部分。過程中，注意到自己的呼吸，同樣地，讓呼吸回到自然的狀態。

◆步驟四：感受一下自己的身體。

從姿勢開始，注意自己目前的姿態，仍然是舒適放鬆的嗎？如果需要，可以稍微地挪動一下身體的姿勢，好讓自己繼續保持舒適的感覺。

◆步驟五：繼續保持著自然的呼吸，視線仍舊停留在同樣的物品上。

此時，試著將注意力慢慢地移動到自己的身體姿勢。試著從呼吸開始，感受一下身體，從頭部，臉部、頸部……，一直往下做身體的掃瞄……，在對身體掃瞄的過程中，如果有哪部分身體感覺到痠、僵、麻、痛，或是身體溫度的冷熱時，可以多停留一下，感覺此時身體的訊息，但不用特別思考原因。

如果過程中，自己的專注力跑掉了，沒關係，依然可以透過自然的呼吸，再回到練習的過程中。

◆步驟六：把注意力拉回到物品上。

重新觀察一下它所在的位置，再注意這件物品的外觀、形狀、顏色，將注意力集中在這件物品的某一個部分，靜靜地注視這個部分。

過程中，注意到自己的呼吸，同樣地，讓呼吸回到自然的狀態。然後，再重複一次身體掃瞄……。

◆步驟七：留意過程中，心中曾經閃過的念頭，以及所帶出的情緒為何？

試著描述一下這個情緒的樣貌，它的強度，想像一下如果這個情緒是可以發出聲音的，它會怎麼表達？

回到自己的呼吸上面，感受一下自己所在的位置，同時再次地環顧所在的空間，感受一下剛才練習的過程中，跟自己一起的安定、自在。

這是一個讓自己獨處時，可以安定下來的練習。

當自己的心安靜下來後，重新回到生活的事件及狀態裡，我們便能在情境中覺察並安放自己。

Chapter 5

修補斷裂，跟自己重新接軌

很多人會自己給自己一些「規則」，例如：不可以生氣、不可以流淚、不可以……，同時伴隨很多的「應該」：我應該堅強、應該勇敢……，好像人生從來就不屬於「我」，對生活少了感受，最後連自己都不認識自己了。

跟自己作伴的同時，也就是接回最開始的自己。

1 我不能生氣？整理想法，走出情緒漩渦

我們要做的不是先否定自己的情緒，而是看到為什麼會對自己「生氣」、「傷心」、「焦慮」的情緒，反而有著不安……？

「原本的心情還好好的，為什麼常常因為一件小事，就讓整個人感到不對勁？好像是受不了事情不按照計劃進行……。」原定要在上午完成的工作，沒有想到因為要一起討論的人記錯時間，儘管最後還是完成預定計劃，但情緒仍然受到影響……。

為什麼此刻的心情，會變得如此浮躁呢？

整理自己，從檢視情緒開始

很多的情況下，當焦慮、擔憂、不耐的情緒開始發酵，才發現原來自己給自己設定了很多「應該如何」及「一定要怎樣」的規則，反而讓自己卡進規則裡，而不是在當下享受盡力完成的成就感。

修正腳步需要經過沉澱與整理，我們常常說要整理自己，就可以從檢視想法和情緒開始。

「期待這一次可以把這件事情做完。」這是我的期待，即便一切都有事先規劃，也不一定代表預定進度可以完成，可能在實際執行時，才會發現無法預期的狀況頻發。

當我們把很多的「應該」及「一定要」放進自己的期待裡，就會發現本來期待「事情可以完成」就好，反而多出了許多壓力，當中潛藏「應該要完美」的訊息，導致我們要不斷花力氣檢視事情沒有辦法依照進度完成的原因，於是情緒就出來了。

比如說，當事情的進展不在自己的掌握中，會告訴自己：「深呼吸，我不能生氣。」但是，告訴自己不能生氣有用嗎？是不是有時越是壓抑，結果越生氣、焦慮了呢？

所以，我們要做的不是否定自己的情緒，告訴自己「不要生氣」，而是看到為什麼會「生氣」、「傷心」、「焦慮」，是因為沒有達到設想的目標，還是對自己的「完美」要求達不到而焦慮？試著整理當中你的感覺和情緒的訊息，如此，才能有機會走出情緒漩渦。

今晚，我想來點……情緒接納

「最近有點失眠。」一場朋友聚會，大家互相說著近況。

「睡不著就數羊啊！」

「這個方法對我沒用啊！我數著數著更清醒了！」對有些人而言，數羊反而增加焦慮感，當數到六十，發現還沒有睡意，就會讓人更加焦慮了；或者還有人前一天數到九十九才睡著，今天竟然數到破百還清醒著，這該怎麼辦？越數越焦慮，還要跟自己說：「不要緊張，放輕鬆！」結果反而更焦慮了，如此惡性循環。

我們可以試著照顧情緒，不用否認焦慮的心情，而是去接納：「對，我現在就是在焦慮的狀況，而這個焦慮會影響到我的睡眠。」

又或者是假如在感情上受傷了，被劈腿了，心情一定非常傷心、也很憤怒，很多人會在心裡安慰自己：「不要為這種人流淚，不值得……。」硬逼自己把眼淚吞回去，也一併否定了自己憤怒及傷心的感覺。是不是可以在脆弱時，接納這份感覺？然後，接受此刻的狀態，再給自己一個真實的聲音，為什麼會產生這個情緒？

「因為失去了一段維持長久的關係，所以我很傷心。」

看見自己設定的「不可以」、「不值得」，反而隔絕了自己在事件中的感受。如果能夠接納自己的感覺，進而理解情緒的原因，然後在理解了之後，疼惜並照顧自己，我們在某個狀態下是需要傷心、生氣、焦慮，不需要把自己逼得太緊。

不該有負向情緒？情緒反應的迷思

很多人都會有一種「應該要」、「一定」或「不可以」的規則，但在真正情境當中，難過就是難過，生氣就是生氣，可是有些人會說：「我不應該生氣」、「我不應該難過」，或是「我只能有正向的情緒，我不應該、也不可以有負向的情緒」。

這是透過自己給自己設限的想法，為什麼不能夠表現悲傷呢？

因為有些人覺得悲傷代表示弱，自己就是一名弱者，如果夠勇敢，是不是就能扛得起失落？這是對悲傷表達的迷思。

「迷思」就是似是而非，看似真理其實並不正確，例如我說：「我一定不能難過。」內在的聲音，可能是不想被人瞧不起，希望自己是堅強、不會受傷的人，如果感受到難過，就代表我是脆弱的，或是無能的……。

很多勵志書籍都會說：「告訴自己，我一定可以！」讓許多人奉為圭臬，但很多人卻把原本激勵人心的話，「我可以」升級成2.0版「我應該」，因為要求「完美」，反而加諸無形的壓力，甚至會對自己的表現感到失望。

比如說，這次訓練要做一百下的伏地挺身，照著鏡子對自己喊話：「你一定可以！」但是從來沒有訓練過的人，怎麼可能一下子就做一百下呢？如果訓練個大半年，說不定還有可能。

很多時候，接納自己的狀態，或者接受自己能力有限，有點像是「我承認自己的不足及平凡，但是我正在努力中！」

允許自己可以有選擇

「我一定要完美！」很多人從小被灌輸這樣的概念，TA 人際溝通分析中，稱為「應該訊息」，還有一種「我不可以」的限制，就是所謂的「禁止訊息」，例如：我不能有感受、我沒辦法成功等等。

因為期待值太高或是限制性太強，無形中讓自己陷入焦慮、憤怒，成為沮喪、難過的來源。

當我們檢視自己的想法或習慣時，會在過往的時間軸裡，看到很多的「禁止訊息」和「應該訊息」的規則。

我們來看以下兩個句子：「我應該要讓這本書是完美的」跟「我可以好好地完成這本書」，兩者呈現出不一樣的概念。我可以完成這本書的時候，感覺是量力而為，比較輕鬆；但是在說「應該要完美」的時候，壓力反倒出現了。

當自己被自己的規則給卡住時，可以給自己一個「再決定」的選擇，在前面的篇章，我們就提到「選擇性」的重要性：「我不可以悲傷」和「我可以選擇悲傷的方式」，後者代表著是對情緒的接納，進而選擇一個適合自己的悲傷方式。

暫時中斷，也是照顧情緒的方式

照顧情緒的過程中，我們可以有不同選擇，有時也會遇到朋友對我說：「我就是有選擇障礙啊！」光想著該用什麼態度去反應，想想這樣的結果又好像沒辦法讓自己滿意，反反覆覆地想著，讓自己再度陷入腦袋打結的狀況。

當我們感到情緒混雜時，進而想要試著理出頭緒，或是思考解決問題的方案時，就會啟動情緒覺察和辨識，即是一種反思，幫助我們從問題中走出來。

倘若我們只是不斷地沉浸在自我懊悔與「假設如果」的推測中，不僅無益於問題的情境，還會讓人更加陷入壓力的狀況，長久下來反而產生更多的懷疑，覺得自己似乎沒辦法處理好問題，無法好好地跟自己作伴。

此時，還有一種「中斷情緒」的方法，就是當自己在想事情的過程，同時覺察想法的內容和情緒的狀態，當我們開始出現負向情緒，例如不耐煩，或是百思不得其解，開始產生負向評價時，這時趕快「喊卡」，不要讓自己繼續困在這樣的情境裡面，陷入更深的自責。

因此，可以在「喊停」之後，起身離開位子，走到另一個地方，可能是簡單地做個伸展操，或者聽首喜歡的音樂，也可以翻翻手機裡的相片、吃點美食……。當我們把自己的狀態稍微調整一下，再回過頭來，就會發現剛才困擾的情緒、糾結的問題，似乎在喘息的當中，也找到了解答的靈感。

2 自我不設限，更多選擇性

因為別人的不信任而感到沮喪，從察覺情緒到接納情緒後，接下來要如何處理這種情緒，就很重要了。儘管別人不接受我、不相信我，但是我要相信自己，還要對自己更好。

有一種情緒的展現，是來自於不被信任。

我的外甥女之前參加大學面試，有一段令她挫折的經驗，由於成績超過原本想要就讀的科系，不過她當下還是依循自己原本的興趣來選填志願，這樣的決定不只令周遭親友感到驚訝，面試教授也同樣提出疑問，想瞭解高分低就的想法，卻令她有一種不被信任的受傷。

不被信任，勇於面對沮喪

「居然不是因為成績不好，而是教授不相信我最後真的會選他們的科系！」教授很可能只是對學生的選擇感到好奇，對於年輕學子來說，滿懷的熱情在當下彷彿被澆了冷水。

「那妳怎麼回答？有沒有被情緒影響到表現？」

「還在面試過程，當然不能把沮喪表現出來啊。」外甥女沒有因為不被信任而憤恨不平，而是試著理解教授為什麼會質疑她，因為在過去經驗和台灣社會文化的影響，一般而言，學生較少會拋下高分的科系，選擇就讀低於自己成績的科系。

因為別人的不信任而感到沮喪，從察覺情緒到接納情緒後，接下來要如何處理這種情緒就很重要了，別人不接受我、不相信我，但是我要相信自己，還要對自己更好。

「自從我要填這個志願，大家都不相信我，所以大學教授也有可能產生質疑，所以，我對教授說：『在填寫志願之前，已經跟家人溝通過了，他們最後也尊重我的決定。』」她已經盡其所能真誠表現，雖然還是感到挫折，但對方接不接受不是她所能決定的了。

當她這麼描述自己的狀況時，帶著一種對自己情緒的真實反應，同時理解別人的問題裡，選擇自己想要的反應。別人的提問，並不代表是拒絕；不被相信，也不代表就要質疑自己。

不設限自我，創造新的成長

如同前面所說的「中斷情緒」，面對挫折，即便不能馬上消化，我們還是可以做些事情來轉移注意力。

「既然別人不對我好，我總是要對自己好一點，為了安慰受傷的心，去吃一頓高級下午茶吧！」有些人會用食物來療癒自己，有些人則會選擇一部最愛的影片轉移注意力，這些都是照顧情緒的方式，看到情緒，然後用比較正向的方式因應。

從這個例子，我們就可以理解，看待事情的角度很重要，還有旁人的態度也很關鍵。有些朋友可能會提供比較正向的回饋，讓我們在面對挫折，能夠體會到背後還有人支持的感覺，可以用不同角度來看整件事情，找到好的因應方式，自然而然在面對困難時，知道怎麼選擇自己的情緒表達，這是一種長期養成的習慣。

認識自己是一種習慣，在這個過程中，越加瞭解自己，因而在很多突發狀況下，越可以把自己穩住。穩住自己之後，就可以重新思考。

這段時間跟外甥女的互動，感受到越是能夠瞭解自己，越能處理情緒的人，他就越能在一個事件當中成長，並且創造新的自己。

自我價值不會一成不變，人們會藉由每件事情而逐漸成長，「昨天的自己」跟「今天的自己」其實都不一樣。如果從來沒有整理自己的話，很容易設限或認定自己就是怎麼樣的一個人，而錯失了成長機會。

比如說，在選擇志願之前，外甥女可能一直認為自己只想讀該科系，經由周遭親友和面試教授的提問，深入思考什麼樣的環境、什麼樣的學習，適合自己？或是哪一個條件，有機會得到更好的發展？

整個思考過程，她也重新再一次檢視自己：「我真的很喜歡這個科系嗎？還是也可以選擇其他科系？」把自己在事件中的位置往其他角度擺放，讓自己看到更多的選擇性。

3 創造一個新的自己

日劇《月薪嬌妻》有句經典台詞：「逃避雖可恥，但是有用！」真的是這樣嗎？面對負面情緒，不是很重要的課題嗎？如果這是一個符合當下的情緒反應，為什麼要逃避它？

很多人都會說，即便理解自己、宣洩完情緒之後，事情還是沒有解決，那我為什麼要花費力氣去整理自己呢？

其實，每一次整理過後，都會有一點點些微的轉變，等於重新創造一個新的自己，但也並不是完全不一樣的自己，而是重新認同自己，進而找到更多的選擇或可能面向。

在各自專業，找到工作意義

每天都過著一成不變的生活，到最後好像進入了停滯狀態，無法前進。

但是當我們試著瞭解自己，確認想要什麼之後，每一次所做出的選擇，就會讓我們越來越理解自己。

再拿外甥女當例子，她在入學面試經過了這麼多關卡，不同科系的教授提問都會幫助她更瞭解自己，例如Ａ科系的老師問：「為什麼同時選了Ｂ科系，那麼妳對Ａ科系的看法是什麼？」此時，她會思考：「一開始我覺得自己比較喜歡Ｂ科系，但是在整理資料的過程當中，發現Ａ科系也有很吸引我的地方。」

再比如說，我們都以為出版社編輯是文字校對者，是作者跟讀者之間的橋樑，但是在寫書過程中，我發現編輯也是一個諮商師，他們會在作者靈感碰壁時，提供一個支持、心情上的轉換，同時分享另一個不同角度的看法，編輯工作做的遠比一本書的完成來得更多。

也許在整理思緒的過程裡，我們把自己當成主題，多方探索，想法可能也會一度卡住，無法走出既定框架，可是當我們更深入看見自己對主題連結和價值觀的交互影響，突然會有種柳暗花明，直接頓悟的感受。很多時候，就是在探索自己的想法、感受的過程中，看見曾經被我們忽略的東西。

在出版社編輯的情緒中，可能對工作有過質疑：「我的工作只有這樣嗎？」實際上，編輯工作可能有更大的影響力，因為他們影響了作者怎麼傳達想法、概念，然後引導作者把內心真正的想法化成文章字句，沒有阻礙地傳遞給讀者。

對編輯而言，在書籍印刷出來的瞬間，內心會有一種成就感，一本書不單純只是一本書，而是將作者的理念，像生命一樣延續下去。

在創作的過程中，每一件作品、不同的作者，都有不同的回饋、不同的回憶，編輯不是只停留在完成一本書的工作，而是找到裡面的意義性，以及為什麼可以樂在工作。

安寧照護，閱讀病人的一生

如同我在醫院的工作，回想當年安寧療護的觀念剛在台灣推動時，很多人會問我：「在安寧病房工作，一整天都在接觸死亡，難道妳不會覺得人生很黑暗或是悲觀嗎？」

我回答：「剛好相反，我覺得人生充滿光明！」我認為，照顧臨終病人的過程，在生命終結之時，他們赤裸裸地、坦承地把生命裡的各種風花雪月、不堪、懊悔等等，都向我們訴說，等於在短時間內讀到了病人的一生。

在他們斷斷續續的回憶裡，我們聽到了很深刻的情感，聽到他們對此生的用心，聽到他們在人生低谷再向上爬起的過程，同時看到了豐富的生命，等於閱讀了好多的人生，而自己何其有幸，得以在當中成為一位見證者。這是一種很難得的機緣，能陪著病人面對生命裡面最慌張、最焦慮、最無助的時刻，甚至陪著家屬經歷親人離世的重大失落事件，一起走過哀傷。這樣的工作，我覺得相當具有意義感。

因此，我才會說：「這份工作的豐富絕不是別人表面上看到的那般，只跟快往生的人相處而已，而是會在每一張病床上，放上你的見證，看到每個人的一生。」這也就是為什麼待在安寧領域的人，很多人會被這份工作黏住，並用「一日安寧，終身安寧」，稱自己是安寧人。當大家聚在一起時，也展現了強大的凝聚力，因為彼此都能夠體會當中的意義跟價值。

很多人都會想像，經常在失落和哀傷的氛圍中，心情應該會變得比較沮喪，因而時常產生逃避念頭。事實上，在執行這份工作時，難免也會有這麼想的時候，但是我也會跟自己對話，問問自己的體會是什麼？我在這個情緒裡面，有沒有解讀到更多背後的內容？當然也會有無助、沮喪，也會有被情境召喚出的傷心、被觸動的部分，這些情況都會出現。所以，才需要幫助自己，給自己更多的整理及照顧。

逃避雖可恥，但是有用？

有些人會因為不喜歡，所以把情緒隔絕在外。

他們會說：「我就是不喜歡那種悲傷的感覺，就是不喜歡沮喪的感覺，所以我選擇逃開。」日劇《月薪嬌妻》有句經典台詞：「逃避雖可恥，但是有用！」真的是這樣嗎？面對負面情緒，不是很重要的課題嗎？如果這是一個符合當下的情緒反應，為什麼要逃避它？

「想要忘記前一段感情，就用開始下一段戀情來代替。」很多人在探討自己的關係，會說失戀了之後，很快找到下一個，根本沒有時間去整理自己，很快地交到下一個朋友的結果，沒想到很快又分手了，如此循環到最後，自己都覺得疲累。當一個人沒有好好地整理自己的時候，就很容易在同一種模式下循環，沒有辦法對當時的問題有更深刻的體認，或是重新解讀這樣的狀況，進而反思其中的意義和面向。

4 接住自己，型塑生命意義

人在面對逆境、創傷、威脅，或是其他重大壓力的適應過程，就像一顆球丟出去，遇到牆壁還會反彈回來，這就叫做「復原力」。在一次又一次的擺盪當中，其實是型塑了另外一個自己。

寫到這一章節的主題「修補斷裂，跟自己重新接軌」，腦子裡就想到一個字——接，我覺得這是一個跟自己接軌、跟自己接觸，所以是一個「承接」。

「接」的過程，有點像把自己接住，其實不只是延續，還可能是把曾經斷裂的關係、想法，重新接回來的概念。

復原力，再靠近自己一些

不管是情緒覺察，或是尋找自我、認識自己，都是一個「接」的過程，不僅是接住現在的你，還有連接以前的自己，可能曾經有一段迷惘的時間，那個當時受到挫折，你也不認同的自己。

我們該如何把這樣的自己接回來？「接回來」本來的自己，亦即「找回」自己的本心。

你是否想要回到某一個時刻，覺得那個時候才是個人認同的自己？可是在生活裡面，因為有很多的考驗、挫折跟壓力，一時之間讓我們陷入了一種孤獨感，對自己產生了陌生的情緒。久而久之，如果一直在那樣的狀況裡面，反而疏離了本來的自己。

所以，跟自己作伴的同時，也就是接回最開始的自己，找到事件開始的初衷。

比如台鐵太魯閣號的事件，76行者的善行讓大家好感動，帶隊者曾經做過「大哥」，後來他告訴自己：「我要去做遺體修復的工作。」

即便這一路上承受了許多的壓力，被人誤解和猜疑，然而當他陳述正在做的事情時，可以看見眼神裡的篤定，讓人感受到他跟自己站在一起，這代表他把自己接回來了。

「人性本善」這個詞，感覺是以前課堂上教過的概念，可是在跟自己的生命接軌的當下，才會發現：「哇！原來我也可以活得那麼踏實。」

「接」，其實是指我可以更靠近自己，可以感受到情緒帶來的種種面貌，然後試著接納情緒的轉變，在不同的情緒裡面。除了把自己接回來之外，還有另一種更深刻的感受，反而重新創造出對自我的認同。

人在面對逆境、創傷、威脅，或是其他重大壓力的良好適應過程，就像一顆球丟出去，遇到牆壁還會反彈回來，這就叫做「復原力」。我們會發現接回來的自己，已然呈現了不同的樣貌，就像是把球丟過去，反彈回來的軸線已經不一樣了。

同樣地，我們在一次又一次的擺盪當中，其實是型塑了另外一個自己。

76行者的大哥，曾經走了歧途，最後還是拉回了本性的他，現在正在做的事情，是不是比更早之前的他更令人佩服？所以我們拉回的是一個更新的自己，當中也在創造一種生命的意義。所以，願意去接住自己，跟自己作伴，是一種新的態度，也是一種經驗，重新創造出自己的新生活樣態。

掙扎中互相磨合，產生新的意義

從生命的意義來看，在尋找自我的時候，最終得到的會是什麼？

我們這一生都在追尋也在探索自己，不只是讓情緒獲得調節，而是終於從中體會到一種意義感，這個承接的孤獨有其意義性，那個意義對個人而言，似乎是從「接住自己」到「認出自己」的過程。

寫書是一條辛苦的歷程，可是從中體會到在有壓力、被催稿的時候，或自己想不透如何突破的竭盡心思當中，這個「突破」突然對我有了一個意義性。

原來我對這本書的感情，不是來自於「本來就很喜歡這個主題」，而是「跟想法在互相拉扯」的過程，最後想說：「好吧！既然這是一條要繼續走下去的路，我要怎麼找出更多它的內涵，然後表達出更深刻的涵意？」

當我開始在掙扎、思考時，慢慢地發現跟這本書有所連結了，所以寫書的時候，也開始跟自己的內在產生互動，隨著每一次在文句裡的拉扯，好像更豐厚了自己。所以，我們在跟自己相處的時候，其實是透過自我瞭解，以及自己的覺察與整理，慢慢地，把自我變得更加厚實了。回顧過程，反而有一種「柳暗花明」的感覺。

這也就是我們說的「人在情境中」，其實是在情境轉變的過程當中，跟情境互動及調整而來，也是在流動的狀態下，對於事件有了不同的感受。

當生命走到最後一刻，如何選擇？

人的本質就是孤獨，我們需要面對這種孤獨狀態，可是在這個過程當中，也是自由的，沒有人會告訴你一定怎樣、不可以怎麼樣，儘管也會陷入當下的焦慮裡，但我們可以有所選擇，用不同態度來面對。

就好比末期病人會說：「我的日子所剩不多了……。」他們可能只剩下幾天或幾週的時間，看似人生已經沒有任何機會，加上身體的衰敗，這個時候往往容易陷入無望和無助。

當生命已經沒有辦法延長，最後一刻，你會怎麼選擇？是失志、失意，還是用積極的態度，往自我靈性的境界提升？在這個時刻，過去的愛恨情仇、人際怨懟又該如何和解及放下？

除了選擇轉身離開的姿態之外，透過生命回顧，看見生命對他們而言，具有的意義及責任。

有人說：「可是，我現在還能夠負起責任嗎？」其實並不是做什麼事情，才算負起責任，而是一種心態。例如：關係的和解裡，他承擔的責任是選擇面對那個曾經不顧道義、拋家棄子、吃喝嫖賭的自己。

對於自己生命的責任，或許會選擇閃避，繼續渾渾噩噩過日子，可是我們必須扮演為人子女、為人父母的角色，然後在「接」的過程當中，就必須承擔那份重量，發生事件的時候，最重要的是清楚自己的責任，而不是逃避。藉由接受並感受到責任，這個責任背後會帶來重量，在承擔的過程進而找到意義感。

5 勾畫另一段生命曲線，重新挖掘自我

溫柔對待自己，不只是表面上吃好、喝好、睡好。真正溫柔對待，應該是跟自己靠近，允許自己能夠瞭解自己，也接納自己的情況與情緒，不吝嗇地給予自己一個擁抱，傾聽自己的心聲。

在臨終的病床上，我們常常陪病人做生命回顧，為什麼要做生命回顧呢？因為在臨終時，深刻體會到生命即將消逝，心裡突然覺得空了起來，找不到存在的價值跟意義，就好像我跟世界沒有任何連結，就算離開了這個世界，世界的生活軌跡不會產生變化，孤獨感油然而生。

所以，我們陪伴病人在人生的最後一哩路，回顧自我生命，重新看見自己，從中

發現存在的價值。

生命支線，串聯今天的我們

有時候遇到挫折，會產生不想和外界連結的想法，把自己阻絕於外，可是當我們越是把自己封閉起來，越覺得自己孤立無援。

當我們與周圍的聯繫切斷之後，雖然世界只剩下一個人，反而更看不到自己，覺得自己對這個世界來說不重要、太渺小了，所以很多人會產生自我價值感低落，認為反正不會有人在乎我。

這時候，如果我們開始整理過去的自己，從經歷了什麼事情，包括過去的行動，已經完成或還沒有完成的目標，再到未來的夢想，就像是經歷了一次的時空穿梭，發現過去其實經歷了很多事情，光是情緒的起伏就足夠豐厚了。

在生命故事裡，是不是曾有過一種經驗，比如驚險中化險為夷，或是在幽谷裡翻轉命運？

我們總有一些時刻，突然變得很勇敢或很機靈，或是很有韌力。仔細回想這一路的逆境或不順遂，幸好有一些人事物的出現，或是自己的觀念或想法的轉變，因為這些契機，讓那一段路變得不那麼孤獨或者崎嶇不平。

將這些事件重新串連起來時，便可以從轉折裡去勾畫另一段生命曲線，用不同的視角，看見不一樣的生命歷程。

我們在最低潮、最無助的時刻，往往可能因為一句溫暖的話，或是一個擁抱，讓自己不再陷落，這種時刻非常值得自己好好回顧、好好整理，甚至可以在心裡，跟當年的自己、記憶裡的朋友，好好對話。

回想的過程中，如果只是體認到發生許多讓自己挫敗的事情，反而找不到自己。但是如果用生命支線的概念，我們會這麼來看：「所以在小時候，成績不好的那段日子，怎麼讓自己繼續前進？怎麼用成績不好的自己，去因應聯考？」

通常成績好的人有勇氣面對聯考，可是成績不好的你，還是接受聯考的挑戰；當年聯考成績雖然失利，但依舊完成學業，人生還是有在往前，是什麼樣的力量讓你前進？

你會告訴自己：「那時候有壓力在追著我。」

「什麼壓力？」繼續追問。

「我爸媽會督促我，志同道合的朋友也會陪著我。雖然考差了，可是大學的第一年我去工讀，賺了一筆錢，那個第一次扛起自己生活的經驗，是我生命裡面覺得光榮的事情。」

隨著回顧探討，就會發現原來生命之中，還有另外一段生命故事，這就是生命的支線。看見在事件的某一個點上面，你沒有掉到谷底一蹶不振，是什麼原因讓你在一路往下的生命歷程中，還有力量翻轉？

「結了婚，有了家庭，自己就要有責任感，日子再苦，也不能苦到小孩。當年父母也是這麼拉拔我們長大。」

我們會請他談談是什麼樣的勇氣或動力，讓他可以改變生命的軌跡，突然之間，他就會發現生命裡的故事有了串連，和童年以及那份深刻的傳統養家、扛責任的價值串連起來。

在幾十年的生命中，一定會有對自己的期許，那個期許好似帶來一種力量，也許只是一種態度、一句話或一個人，短短幾天的經驗，卻讓生命變得很有意義，生命因此而豐富了，因為不只是看見原本自己的生命歷程，還有其他可能被勾勒出來的連結。

過去經驗，挖掘豐厚的自己

大家也許會想，我們在「跟自己作伴」的過程中，都在回想過去嗎？

當然不是要讓大家沉溺在「只要去想自己的過去」而已，而是當有機會可以靠近自己的時候，這裡提供一個方向、一個方法，或是一種態度。

探討過去的自己就像是蚌殼裡面的珍珠，蚌殼是密合的，一般人看不到珍珠形成的過程，就像大部分的時候，我們其實是迎向海洋、迎向未來，只有在某個時候受傷了，才會像蚌殼一樣緊緊闔住，在裡面承受的痛苦、挫折，就好比沙子不斷刺激蚌殼，最後才會塑造出完美的珍珠。

那麼要怎麼塑造自己的那顆珍珠呢？透過整理，在每個情境中發掘自己內在豐厚的部分。

從生命過往經驗裡，回顧曾經的感受，然後接住自己，創造更多突破的可能。

回到現在的情境裡，也許正被一件惱人的事困擾著，自己的情緒陷落在沮喪或自責裡，還記得前面提到的認知扭曲的小劇場嗎？首先，中斷負面的想法，避免自我驚嚇或是自我打擊，接著用不同的視角，給自己一個轉換的機會，甚至開啟一個新觀念的嘗試，都是讓自己「跳出舊有框架」的方法，這個不同的自己反而可以是一個契機。

在某一個需要整理自己的時候，我們可以找到不同方式，重新看待那時候的低潮、低落。

除了看見自己和覺察情緒之外，學會喊「停」，暫時離開也是一個方式，在跟自己對話之後，再來就是要怎麼找到正向的方式，在這麼不被看好的情況之下，是什麼原因讓你沒有放棄自己？你又想用什麼方式重新被看見？

舉個例子來講，很多人在生氣的時候，會去破壞東西或是破壞關係，這是宣洩情緒的方式，但是他們也許想要改變，只是做的方式不對。試著看到當中「想要改變」的意念，儘管有時候並不容易被看見，甚至自己也沒有察覺。

因此，我們可以從自己的經驗出發，試著找方法來達到這個期待。首先，先照顧情緒，讓自己穩定下來，看見自己的需求，接著，可以試著給自己設定一個生活中的小目標來改變，比如說，告訴自己每天背五個單字、做三十下伏地挺身等等，經由小小的改變讓自己感覺不同，然後繼續不同的嘗試，累積更多的轉變。

透過覺察加深對自己的瞭解，以及從別人的回饋當中，幫助自己找到修正情緒或態度的觀點。

給「我」一個擁抱，溫柔對待自己

一定聽過很多人說：「要對自己好一點。」每個人都想要被溫柔對待，那你可以先溫柔對待自己嗎？

有人認為對自己好，就是把棘手的事情放著擺爛，不給自己太大壓力，這時候就會發現，自己陷入了沒有承接責任的過程，導致更多的壓力跟罪惡感。

例如週末時間，本來想要整理下週要繳交的報告，卻覺得應該對自己好一點，所以先安排看部影片、玩了遊戲、喝了下午茶，再上網聊個天，然後早早地上床睡覺，把事情拋諸腦後。

可是如果沒有承接該負的責任，就要面對下週趕不出報告的尷尬，還有面對同組員／同事的不諒解、上司或長官的責難，讓自己陷入更大的焦慮跟壓力，因此，對自己好並不是撇開角色上的責任。

溫柔對待自己，也不只是表面上吃好、喝好、睡好，真正溫柔對待，應該是跟自己靠近，允許自己能夠瞭解自己，也接納自己的情況與情緒，不吝嗇地給予自己一個擁抱，傾聽自己的心聲。

現在就開始練習好的自我對待和自我照顧。因為，我們才是陪伴自己最久的人。

跟自己作伴

05 爲自己打破規則

我們可能都沒有察覺，平日裡為自己設定了很多「應該如何」及「一定要怎樣」的規則，反而讓自己卡進規則裡。

現在，試著將自己平常設下的規則，練習用不同的說法，來讓自己感受一下，如何用小小的改變來照顧自己。

透過「為自己打破規則」，練習自我覺察和辨識，當下一次再度感到焦慮的時候，就可以試著「調整想法」或「調整期待」，而能不受限制與束縛地，更加專注於當下的事情，朝向心中所想而前進。

步驟一：

請列出生活中經常認爲的「應該」及「一定要」的想法。

例如：「我應該要堅強」、「我一定要勇敢」……。

1、________________________________

2、________________________________

3、________________________________

步驟二：

接著同樣地列出生活中「禁止」和「不可以」的事情。

例如:「我絕不允許出錯！」、「我不可以做自己」……。

1、________________________________

2、________________________________

3、________________________________

步驟三：

試著回到內心的體認給自己一個選擇，將上面列出來的「應該」及「不可以」，重新用「可以」來創造。

例如：「我可以堅強」、「我可以勇敢」、「我可以做自己」……。

1、______________________________________

2、______________________________________

3、______________________________________

步驟四：

試著感受一下，兩者之間有什麼不同？

當我們把這些「應該」和「不可以」，從自己的期待裡拿出來，就會發現突然少了好多壓力，很多的束縛都被解開了，情緒也跟著得到舒緩。

1、______________________________________

2、______________________________________

3、______________________________________

國家圖書館出版品預行編目 (CIP) 資料

跟自己作伴：找回獨處不心慌的安定力量 / 蔡惠芳作 .-- 第一版 .-- 臺北市：博思智庫股份有限公司，民 110.09 面；公分

ISBN 978-626-95000-8-6(平裝)

1. 自我實現 2. 成功法

177.2 110013308

美好生活 36

跟自己作伴 找回獨處不心慌的安定力量

作　　者｜蔡惠芳
主　　編｜吳翔逸
執行編輯｜陳映羽
資料協力｜陳瑞玲
美術主任｜蔡雅芬
媒體總監｜黃怡凡

發 行 人｜黃輝煌
社　　長｜蕭艷秋
財務顧問｜蕭聰傑
出 版 者｜博思智庫股份有限公司
地　　址｜104 台北市中山區松江路 206 號 14 樓之 4
電　　話｜(02) 25623277
傳　　真｜(02) 25632892

總 代 理｜聯合發行股份有限公司
電　　話｜(02)29178022
傳　　真｜(02)29156275

印　　製｜永光彩色印刷股份有限公司
定　　價｜320 元
第一版第一刷　西元 2021 年 09 月

ISBN 978-626-95000-8-6

博思智庫股份有限公司
博思智庫粉絲團　Facebook.com/broadthinktank